Der Berg bewegt sich ...

AF163247

Der Berg bewegt sich...

Anthologie der Solinger Autorenrunde

Bibliografische Information der Deutschen Nationalbibliothek
Die Deutsche Nationalbibliothek verzeichnet diese Publikation in der Deutschen Nationalbibliografie; detaillierte bibliografische Daten sind im Internet über http://dnb.d-nb.de abrufbar.

Herausgegeben von der Solinger Autorenrunde, vertreten durch Kay Ganahl
Cover: Saga Grünwald
Autorenfotos: jeweiliger Autor
Urheberrecht bei den einzelnen Autoren und Fotografen
Copyright bei den einzelnen Autoren und Fotografen

Alle Rechte, auch des auszugsweisen Nachdrucks, der auszugsweisen oder vollständigen Wiedergabe, der Speicherung in Datenverarbeitungsanlagen und der Übersetzung, vorbehalten.

Gestaltung: Saga Grünwald
Herstellung und Verlag: BoD - Books on Demand, Norderstedt, 2016

ISBN 9783741263941

Einleitung

Seit Gründung der Solinger Autorenrunde nach einem Aufruf von Martina Hörle im Jahr 2014 hat die Gruppe bereits viele literarische Veranstaltungen durchgeführt, wie die Lesung „Ein buntes Kaleidoskop" 2015 auf der Bergischen Literaturbörse und den „2. Literarischen Wandertag" im August 2016 in Solingen.

„Alles im Fluss" war die erste Anthologie der Autorenrunde, die 2015 als Buch und Ebook erschienen ist. Auf Anregung von Kay Ganahl wurde für die folgende Anthologie das Thema „Der Berg bewegt sich" ausgesucht.

In diesem neuen Werk wissen Karla J. Butterfield, Andreas Erdmann, Kay Ganahl, Saga Grünwald, Martina Hörle, Beate Kunisch und Christiane Trunk mit einfallsreicher und subtiler Lyrik, kurzen Erzählungen, Geschichten und vor allem Märchen zu überzeugen. Die Fantasie kennt keine Grenzen, wenn es darum geht, dass der Berg sich bewegt.

Die Texte sind in Hochdeutsch und in Solinger Mundart geschrieben und mit zahlreichen Fotos und anderen Abbildungen optisch untermalt.

Inhalt:

Saga Grünwald	Wandernde Berge	9
Andreas Erdmann	Belder ut der wieder Weilt	10
Martina Hörle	Ansichtssache	12
Karla J. Butterfield	Der König vom Berg	13
Beate Kunisch	Haiku	20
Martina Hörle	Der schwarze Berg	21
Beate Kunisch	Haiku	29
Kay Ganahl	Eines Berges Tanz	30
Andreas Erdmann	Asylum	35
Saga Grünwald	Aufwind	40
Christiane Trunk	Bauland	41
Martina Hörle	Die nichtsnutzigen Riesen	42
Beate Kunisch	Der Bergritt	46
Saga Grünwald	Der Weidenstrauch	48
Martina Hörle	Ewigkeit	49
Karla J. Butterfield	Der Wäscheberg	50
Andreas Erdmann	Betonblumen	52
Kay Ganahl	Die Schuldnerin zu Füßen des Berges	61
Saga Grünwald	Spiel	65
Martina Hörle	Die Elemente der Welt	66
Beate Kunisch	Unser Berg	70
Andreas Erdmann	Chreßdag am Fanispan	72
Karla J. Butterfield	Der Berg geht	74
Christiane Trunk	Duell	75
Beate Kunisch	Haiku	78
Martina Hörle	Stärke	78
Saga Grünwald	Das Opferkind	79
Andreas Erdmann	Der Bahnhof von Orx	88
Martina Hörle	Berge haben Charakter	96
Kay Ganahl	Freiheit des Berggeistes	98
Beate Kunisch	Das Kistchen und die sieben Berge	100
Martina Hörle	Tod	102

Saga Grünwald	Aufstieg	103
Karla J. Butterfield	Der Berg und der Hügel	104
Andreas Erdmann	Eiszeit	109
Beate Kunisch	Film ab! Die Eisbergspitze	115
Saga Grünwald	Verschleiert	118
Martina Hörle	Hinauf	119
Andreas Erdmann	Im Rosenbaumwald	120
Beate Kunisch	Haiku	125
Saga Grünwald	Die Melodie	126
Kay Ganahl	Die Systemklempner	128
Martina Hörle	Vorbei und doch ewig	136
Karla J. Butterfield	Die Walliser Alpen	137
Andreas Erdmann	'Ne Scherbe	139
Beate Kunisch	Haikus	143
Saga Grünwald	Der Wächter	144
Martina Hörle	Der Mondberg	145
Andreas Erdmann	Männergesellschaft	148
Beate Kunisch	Bewegung durch Begegnung	154
Saga Grünwald	Haiku	157
Karla J. Butterfield	Kanzlerin allein Zuhause	158
Beate Kunisch	Haiku	159
Andreas Erdmann	Kare- san- sui-	160
Saga Grünwald	Wandrers Lust	166
Beate Kunisch	Haiku	167
Andreas Erdmann	Märkischer Napfkuchen	168
Saga Grünwald	Aber Falls	174
Die Autoren		175
Bildnachweis		183

Saga Grünwald

Wandernde Berge

Wasserhügel
weiße Gipfel
die Berge
wandern auf ewig
donnern auf ewig
brechen nieder
wieder und wieder
in Liebe mit dem Sturm
der ihre Träume empor trägt
zu den Göttern

Andreas Erdmann
Belder ut der wieder Weilt: Nepal, wie em Märchen

Kathmandu. En Stadt wie em Märchen. En Nepal, huh em Himalaya gelegen, on rongksöm stonnt Berg üöwer Berg siëwen-, aiht-, baul nünndusend Meder huh bes schinns en den Hemmel.
Wie em Märchen, su bieren die Gassen, Strooten on Plaazen en Kathmandu. Zengter dem Meddelauler baul overängert. De Hüser verwenkelt, Wäng on Fenster döckes ut Hoult geschnetzt, geschmöckt met Figuren, kleïn, bes ent Feïnste. Deïls farwefruh bemolt. Derbower recken sech Tempel op, Pagoden met göülen Däkern, Tüörn üöwer Tüörn on Trappen, Trappen - die führen schinns en de Wolken. Morges on owes liëht ne süöten Doft van Röükerpennschern üöwerall en der Louht – on dat Lachen der Menschen. Jiëdereïner es fröngklech, strohlt dech aan, seht dir de Dahstiet: „Namasté!" Dat heïscht: Ech grüöß den Herrgott en dir!
Maccapuchare. Nen Berg wie em Märchen. Üöwerm Pokhara-Sii ragt he op on erennert an't Matterhorn en den Alpen, es äwwer völl spetzer on hührder. Nömmes, keïn Bergsteïger (ouch nit der Messner) klomm je erop. En te besteïgen es streng verboden, on wer et gewogt hatt, kom nie teröck. Et heïscht, der Herrgott thrunt op der Küppe.
Wie em Märchen su bieren die Dörper am Berg on erop bes ter Bergkette van der Annapurna. Louhts dervan gött et en Dall, baul tweidusend Meder diëp, voller Rhododendron-Bösche. Äwwer keïn Strüker – Böüm, riesege Böüm, en allen Farwen am Blüöhen on voller Vüögel on Apen. Et es eïn Doften on Sengen.
Die Menschen hie kennen keïn Radio, keïn Flemmerkeste, keïn Waterleïtengk, keïnen Strom. Se kennen keïn Auto, niddemols Strooten. Hie hät men bluß Päddscher on Trappen, Trappen ut Steïn, van Dall te Dall, die Berg erop, eronger. Et gött Dörper, do kennt men niddemols Geild. Men bruckt et ouch nit. Jiëder hät sin eïgen Hus, Feiler, Gärdes, Dier on tedöüges te eten. Bruckt men ens nen

Kochpott udder sujet, dann wierd getuuscht. Äwwer arm, arm es men hie nit. Glöck, Tefriëdenheït lött eïnem ut allen Ougen entgeen, en Fröngklechkeït, dat men sech äs Europäer baul schammt. Men versteïht: Wir, wir ut der sugenüömden „Zivilisatiun", wir sind de Armen: Arm an Kultur, Tefriëdenheit, Liëfde.

Martina Hörle

Ansichtssache

Voll Ehrfurcht sah ich auf den Berg,
durch's Fernglas fiel mein Blick.
Ganz unbezwingbar schien er mir,
trotz Steigeisen und Strick.

Ich schaute und der Zweifel kam.
Zum Gipfel hoch empor,
das war seit Jahren schon mein Traum.
Jetzt hatt' ich Angst davor.

Da brachte mich ein Geistesblitz
der Lösung auf die Spur.
Flugs drehte ich das Fernglas um.
Kein Berg – ein Hügel nur.

Karla J. Butterfield
Der König vom Berg

Auf einem hohen steinigen Berg stand einmal ein Schloss. Es glänzte golden in der Sonne und silbern in der Mondnacht. In diesem Schloss lebte der König Barnabasch. Dieser König war so reich, dass er alles haben konnte, was er sich nur wünschte. Jeden Tag nach dem Frühstück, das auf goldenen Platten mit funkelnden Diamanten besetzt serviert wurde und alle Köstlichkeiten, die man sich nur ausdenken konnte, beinhaltete, rülpste der König aus tiefsten Herzen und stöhnte: „Oh, ist das Leben langweilig!"
Der königliche Sekretär, (der bereits des Morgens heiter war, da er gerne das teuflische Getränk Met, ein Geschenk des Grafen Grünwald, zu sich nahm, um das Stöhnen des Königs ertragen zu können), klatschte kraftvoll in die Hände. Sofort erschienen bemalte Clowns, Schauspieler und Musiker, um den gelangweilten König zu amüsieren. Dichter lasen ihre Epen vor, und Sänger besangen die grenzenlose Großartigkeit des Königs. Der Monarch aber war der Kunst wenig zugetan und verfiel nach einer Weile dem tiefen Schlaf. Als er aufwachte, war es bereits Zeit für das Mittagessen, das genauso üppig ausfiel wie das Frühstück. Nach dem Dessert ließ der König Winde des Westens fahren. Oder er bekam einen Schluckauf, da er das Essen immer zu schnell verschlang. Der Leibarzt des Königs musste gerufen werden. Er versuchte es mit einer Schrecktherapie. Wenn diese nicht half, musste Barnabasch verkehrt herum aus dem Glas trinken, bis der Schluckauf endlich aufgehört hatte. Diese alberne Heilkur hatte den Nachmittag etwas verkürzt, so dass es schon wieder Zeit zum Abendessen wurde. Wenn wir die Köstlichkeiten, die der König am Abend zu sich nahm aufzählen würden, kämen wir nicht weiter. Sicher ist aber, dass sich der Monarch weiterhin enorm langweilte. „Was soll ich tun?", erkundigte sich der königliche Sekretär beim Astronomen, der als belesen galt und von dem höchsten Turm des Schlosses aus den Sternen las. Sein Bart war so lang, das es bis zur Wendeltreppe, die zum Turm führte, reichte, und seine Augen so scharf, dass er in den entferntesten Galaxien lesen konnte.

„Hier, das brauch ich eigentlich nicht", sprach der Astronom und übergab dem königlichen Sekretär sein Fernrohr, „gib es dem König, er soll sich mit der Astronomie die Zeit vertreiben."
Das Fernrohr wurde dem König auf einem roten Samtkissen feierlich überreicht, und der königliche Sekretär zum königlichen Minister befördert, als Dank für die Rettung des königlichen Gemüts.
"Ich sehe nichts", rief Barnabasch verzweifelt, „alles bleibt dunkel!" „Sie müssen ein Auge öffnen, damit Sie was sehen, Majestät", riet der Minister. Der König öffnete ein Auge, leidergottes das falsche und sah weiterhin weniger als Nichts. Erst nach langem Üben fand man endlich das richtige Auge, so viel Auswahl gab es nicht, und der König sah in die Ferne. Er sah Berge, Flüsse, Dörfer und Wege. Er sah Menschen auf den Straßen. Er sah sie Felder pflügen und Bäume fällen. Er sah spielende Kinder und Waschfrauen, Schmiede und Schuhmacher. Da fiel von dem König die Langeweile ab. Von morgens bis abends beobachtete er das Treiben im Tal. Alles, was Barnabasch sah, und es gefiel ihm, ließ er zum Schloss hochbringen, denn er hatte genug Gold, um alles, was er sich wünschte, zu kaufen. Bald platzte das Schloss aus allen Nähten.
Eines Morgens, als Barnabasch vom königlichen Frühstück gesättigt, durch sein Fernrohr schaute, erblickte er am Fenster einer Hütte eine junge Frau, die an einem Tisch saß und ein Wams nähte. Sie hatte ein liebliches Gesicht, schöne Hände, und überhaupt war sie ganzheitlich zauberhaft. Barnabasch durchflutete eine nichtbekannte Wärme, und er rief den Minister. „Bring sie her, ich will sie aus der Nähe betrachten!", befahl er. „Sie scheint mir sehr schön zu sein." So schickte der Minister eine ausstaffierte Eskorte, um diese Schönheit für Barnabasch zu holen. Die Eskorte stürmte die Hütte und verkündete: "Komm mit uns, unsere Majestät wünscht, dich zu treffen!"
Jede andere Magd aus dem Dorf hätte sich die Lippen geleckt, das beste Kleid angezogen und gelüftet und gepudert zum König geeilt. Nicht aber die Nähfrau Jelena. „Zum König?", fragte sie, „Wie sieht er aus, ist er geistreich, klug und gut gebaut? Welche Farbe haben seine Augen, kann er Gedichte schreiben, ist er ein Romantiker?" Auf alle diese Fragen antwortete die Eskorte lieber nicht, zuckte nur mit den Schulten und ließ die Pferde mit den Hufen tänzeln. „Ich kaufe keine Katze im Sack!", entschied Jelena und beugte sich über ihre Arbeit.

„Er, er hat, er hat blaue Augen", stotterte einer der Ritter, „blaue, runde Augen." „Aha, interessant, dann soll er sie mir selbst zeigen, ich kann mir darunter nichts vorstellen.", sagte Jelena. Mit hängenden Ohren fuhr die Eskorte zum Schloss zurück.

„Ich? Ich soll zu ihr kommen? Herrgottkreuzdonnerwetter! Was meint dieses Weib, wer sie eigentlich ist, der Papst? Ich bin der König, ich laufe nicht herum. Sie hat zu mir zu kommen, diese liederliche Frau!" Aber Jelena kam nicht. Auch nicht als der König ihr Juwelen und teure Stoffe zukommen ließ. Sie schüttelte nur den Kopf und knallte der Eskorte die Tür vor der Nase zu.

Das ganze Schloss wurde danach angewiesen, sich den Kopf zu zerbrechen, wie man die schöne Jelena ins Schloss locken konnte. Eines Tages erschien der Hofmaler beim König und schlug vor, den König in seinem besten Kleidern und der Krone auf dem Kopf zu malen, und das Bild Jelena zu schenken. „So kann sie sehen, wie prächtig seine Hoheit aussieht und wie blau ihre Augen sind."

„Eine geniale Idee!", rief der König und verabredete mit dem Maler einen Termin. Als das Bild fertig war, wurde es in seidene Tücher verpackt und der schönen Jelen überbracht. Diesmal ritt sogar der Minister mit. Jelena trat vor die Hütte, und der Minister enthüllte feierlich das mannshohe Gemälde. Eine Weile wurde es vor der Hütte still, und dann fing Jelena aus vollen Herzen an zu lachen. „Das also ist der reiche König Barnabasch mit den schönen blauen Augen, der mich zur Frau haben will? Dieser aufgeblasene Luftballon? Seine ach so blauen Augen kann man kaum unter dem Speck erkennen. So einen fetten Mann will ich nicht, auch wenn er der König von Salamandrien wäre!", und verschwand im Haus.

Der Minister kam mit dieser niederschmetternden Nachricht und ohne Jelena zurück zum Schloss. Der König tobte. Als erstes wurde der Hofmaler gehängt. Wäre dieser klüger gewesen, hätte er den König etwas dünner gemalt, dann wäre man mit dem Schwindel vielleicht durchgekommen, aber er war ein wirklichkeitsgetreuer Künstler. Sein Pech.

Was tun? Der König wurde abgelehnt. Die Schande verschmutzte sein königliches Blut. Wutentbrannt wanderte er zum Spiegelsaal und betrachtete sich von allen Seiten. Recht hatte die schöne Jelena, leider, er war feist und rund wie eine Kugel. Da man damals noch keine Kalorien und Joule zählte, und weder die Nulldiät noch die Trennkost in Umlauf waren, wusste sich der König keinen Rat und wurde sehr traurig. Eine abgrundtiefe Ratlosigkeit fiel auf das Schloss herab.

Das Schloss leuchtete nicht mehr, alles Treiben verstummte, die Dienerschaft wurde arbeitslos und verließ den Hof. Der König hätte sich am liebsten von dem höchsten Turm in die Tiefe gestürzt, aber zum Glück passte er nicht durch das enge Treppenhaus, das zum Turm führte.

Auch des Königs Minister verschwand. Er wechselte zum benachbarten Königreich und machte dort Karriere. Tag und Nacht saß Barnabasch mit seinem Fernrohr am Fenster und starrte sehnsüchtig auf Jelenas Hütte. Eine Spinne spann dünne Spinnweben mit den Träumen der Melancholie durchzogen um ihn herum.

Eines Tages kam der alte Sternengucker vom Turm herunter und sagte: „Gib mir das Fernrohr zurück, meine Augen sind nicht mehr wie früher, und das ewige Hineinstarren macht dich nur jeck."

„Vielleicht hast du recht", antwortete Barnabasch, der inzwischen weniger einem König eher einer angefaulten Birne mit Druckstellen ähnelte. „Ich habe Hunger, wo ist mein Mittagessen?", fing er zu jammern an. „Ich wünsche einen Rehrücken mit Orangenscheiben auf Königskartoffelpüree!"

„Der Kocht ist weg, alle anderen auch, und die Speisekammern sind leer. Ich kann dir nicht einmal eine Maus braten, und die eingelegten sind auch alle." Dann löste sich der Alte in der Luft auf.

So beschloss der König, das Schloss sich selbst zu überlassen, und ging, besser gesagt, kullerte den Berg hinunter ins Tal.

Es war das erste Mal, dass der König an der frischen Luft war. Er atmete tief ein und musste gleich so heftig niesen, dass alle Vögel von den Bäumen plumpsten. Er war auch so schwer, dass seine Beine bei jedem Schritt nachgaben und er es gerade zum Dorfrand schaffte. Dort schlief er unter einem Heuhaufen ein. Der Bauer, der gerade vom Pflügen nach Hause fuhr, weckte ihn: „Hilf mir den Wagen ziehen, Fremder", bat er den König. Barnabasch erwies ihm den Dienst und bekam von der Bäuerin als Dank Abendbrot und ein Glas Wein dazu. Am nächsten Tag ging er weiter, hielt sich eine Woche beim Schmied auf, half dann beim Müller, Schuster und Bäcker. Er schleppte Steine für den Bau eines Hauses und hob Erde für die Bewässerung der Felder aus. So schlug er sich fast ein Jahr lang durch, bis er in eine Stadt kam. Es war gerade Markttag. Barnabasch schlenderte durch die Stände, bis ihm eine junge Marktfrau zurief: „Hey, junger Mann, ein Apfel gefällig?" Und eine andere gleich hinterher: „Hast Lust auf ein Brötchen, frisch und knusprig, mein Herz!" Und eine dritte rief: „Mein Kuchen ist der beste, süßes Bürschchen, komm, nimm ein Stückchen oder auch zwei." Barnabasch wunderte sich über diese überaus gastfreundliche Stadt, nahm dankend alle Geschenke an und ging weiter. Aber wo er nur blieb, überall riefen ihm die Mägde hinterher und wollten ihm unbedingt etwas schenken. Und das nicht nur Äpfel oder Birnen. Aber Barnabasch trug immer noch das Bild der schönen Näherin im Herzen und zog weiter.

Eines Tages ging er durch den Wald, und da er Durst hatte, hielt er an, um aus einer Quelle zu trinken und sein Gesicht im Becken zu waschen. Da sah er im stillen Wasser sein Ebenbild und fiel fast vor Schreck hinein. Was war denn mit ihm passiert? Er sah einen jungen Mann mit schmalem Gesicht, Schultern und Schenkeln eines griechischen Kämpfers und einem Bauch, der einem Waschbrett in nichts nachstand. Fast hätte er sich in sich selbst verliebt. Husch, dachte er, nun kann ich mich bei Jelena blicken lassen, steckte sich eine Feder ins Haar und marschierte leichten Fußes in das Dorf, in dem Jelena lebte. Als er gerade vor ihrer Tür stand, setzte sich eine Schwalbe auf seine Schulter und piepste:

„Jelena ist stolz, nicht dumm,
die kriegst du nicht so leicht herum.
Dumm, dumm, dumm, diedeldieldumm."

Recht hat dieses Federvieh, dachte Barnabasch, verschob den Besuch bei Jelena auf später und machte sich auf den Weg in die große Großstadt. Hier wollte er Wissenschaften studieren. Denn einen Dummen wollte Jelena nicht, das hatte sie geradeaus gesagt. Er studierte die Religion, die Philosophie, die Natur und die Magie, dann die Botanik und die Mechanik. Als er alle Bücher ausgelesen hatte, fühlte er sich für Jelena klug genug.

So schnell es ging, stand er frisch gewaschen und gekämmt vor ihrer Tür und klopfte an. Jelena kam heraus und ihre jungen Wangen

verfärbten sich rot. Dann aber sagte sie: „Schön bist du, Barnabasch. Aber hat dein schöner Kopf auch etwas in sich? Ein Gehirn oder so?" Barnabasch lächelte: „Ich habe alle Wissenschaften studiert und am liebsten hatte ich die Mechanik, hier, das habe ich für dich erfunden und entwickelt." Und er übergab Jelena eine Maschine, die fast alleine Kleider nähen konnte. Man musste nur einen Faden einziehen, den Stoff festhalten und die Pedale betätigen. Es war die erste Nähmaschine der Welt.
Jelena freute sich sehr. Aber ihre Zunge war schneller als ihr Kopf. „Gut siehst du aus, einen Entwickler wollte ich schon immer haben. Aber wie sieht es bei dir mit der Kunst aus?" Kaum hatte sie den Satz ausgesprochen, bereute sie ihn schon, denn sie hätte Barnabasch auf jeden Fall genommen. Seine blauen Augen waren schon Grund genug. Jetzt habe ich alles verpatzt, dachte sie zu sich und errötete erneut. Aber Barnabasch war durch das Leben in der Natur und die harte Arbeit nicht mehr zimperlich, packte Jelena um ihre Taille und gab ihr einen sehr kunstvollen Kuss.
Keine zwei Wochen später haben die beiden geheiratet. Barnabasch kehrte nicht mehr auf sein Schloss zurück, sondern baute für Jelena ein großes Haus. Sie bekamen so viele Kinder, dass sie sie kaum zählen konnten. Und so, wie es die Natur eingerichtet hatte, wurde Jelena mit jedem Kindchen runder und runder. Das Sitzen an der Nähmaschine und das Naschen der Köstlichkeiten, die Barnabasch ihr zubereitete, setzten ihr zu. Sie wurde ziemlich pummelig mit den Jahren. Aber Barnabasch machte es nichts aus. Denn er liebte sie wie am ersten Tag.

Beate Kunisch
Haiku

Grüner Flaum bedeckt
Runde Steine am Ufer
Buntes Felsmassiv

Martina Hörle
Der schwarze Berg

In einem Wald, viele Generationen entfernt, geschahen seltsame Dinge. Nachts hörte man schauriges Heulen. „Glühende Augen wandern von Baum zu Baum", berichteten die, die bei Anbruch der Dunkelheit dagewesen waren. Mehr wussten auch sie nicht. Die Menschen mieden den Wald, wo immer sie konnten. Ein paar Mutige trauten sich einmal bei Tag bis an den Waldrand. Sie waren zu dritt, einer allein wollte das Wagnis nicht eingehen. Da angekommen schauten sie sich triumphierend an. „Das Ungeheuer hat wahrscheinlich Angst vor uns", spottete einer. „Oder seht ihr irgendwo grüne Augen?" „Die hat es vor Schreck vermutlich zugemacht", höhnte der zweite. Der dritte hielt sich eine Hand hinters Ohr. „Ja, wieso heult es denn nicht?" In diesem Moment traf ihn ein großer Klumpen Erde. Er schrie auf. Seine Kameraden schauten ihn entsetzt an. Dann rannten alle, so schnell sie konnten, fort vom Wald. Wieder daheim schilderten sie ihre Geschichte in allen Einzelheiten, geschmückt mit vielen erdachten Details. Von dem Tag an wagte sich niemand mehr auch nur in die Nähe des Waldes.

Eines Tages hatte sich ein Mädchen aus dem Nachbardorf beim Pilze sammeln verlaufen. Es wohnte erst seit kurzer Zeit dort und fand sich nicht mehr zurecht. Lange irrte es umher, traf niemanden, den es fragen konnte. Dann brach die Dunkelheit herein. Das Mädchen tastete sich mühsam vorwärts. Doch als nach einer Weile der Mond aufging und hell leuchtete, konnte es ohne Mühe weitergehen. Erschrocken bemerkte es, dass es am Rand des Waldes angekommen war. Vorsichtig blickte es sich um, vermochte jedoch nichts Unheimliches zu sehen, nur einen Schwarm Glühwürmchen. Beim Näherkommen stellte es fest, dass Elfen miteinander einen Reigen tanzten. Etwas so Bezauberndes hatte Lindren, so hieß das Mädchen, nie zuvor gesehen. Wie verzaubert schaute es den zierlichen Wesen zu und vergaß darüber alles andere, stand nur da und staunte.

„Wer bist du und was machst du in meinem Wald?", ertönte neben ihm eine kratzige Stimme. Vor Schreck fuhr das Mädchen zusammen. Von einem großen schwarzen Pilz herab starrte giftig ein Gnom. Seine roten Augen schienen Blitze in die Luft zu schleudern. „Was ist, hat es dir die Sprache verschlagen, dummes Ding?", höhnte der Gnom. Lindren schüttelte den Kopf. „Bitte verzeih, dass ich in deinen Wald gekommen bin. Es geschah nicht mit Absicht. Verlaufen habe ich mich und fand nicht zurück. Dann habe ich die Elfen beim Tanz gesehen. Sie sind so wunderschön, dass ich sie immerzu anschauen musste." „Vielleicht wollen sie gar nicht, dass man sie anschaut. Hast du überhaupt gefragt?", keifte der Zwerg wütend. „Nein, ich wollte sie nicht stören." Der Gnom stellte eine Frage nach der anderen und keifte und tobte ohne Unterlass. Doch das Mädchen blieb ruhig und freundlich.

Die Elfen hatten bei dem Geschrei längst aufgehört mit ihrem Tanz. Eine kam auf die beiden zugeflogen und sprach das Mädchen an: „Was tust du hier?" „Was soll sie hier schon tun?", krakeelte der Gnom. „Gaffen will das neugierige Ding." Die Elfe beachtete ihn gar nicht. Das Mädchen erzählte leise, wie es sich verlaufen hatte und in den Wald gekommen war. „Komm mit mir", riet die Elfe. „Ich werde dir helfen." Lindren folgte der Elfe, die mit funkelnden Flügeln vor ihm herflog. Bei den anderen angekommen erzählte das Mädchen seine Geschichte noch einmal: Wie es aufgebrochen war, um Pilze zu suchen, wie es sich verlaufen und dem Wald immer nähergekommen war. Als es an die Stelle kam, warum es den Elfen beim Tanz zugeschaut hatte, schauten diese ganz unglücklich drein. „Was habt ihr denn? Habe ich euch gekränkt?" Das Mädchen war ganz bedrückt. „Nein, liebes Kind, gräme dich nicht. Du kannst nicht wissen, warum wir getanzt haben. Wir wollten den Waldgott gnädig stimmen und ihn um Hilfe bitten. Unsere Königin Reigawen ist entführt worden und wir wissen nicht, wie wir sie befreien können." „Wer hat sie entführt?", fragte Lindren bestürzt. „Du hast ihn gesehen – es war Golrosch, der Zwerg mit den roten Augen." „Der Zwerg?", fragte das Mädchen verwundert. „Er ist doch sehr klein. Wie hat er das geschafft?" „Er ist der schwarzen Magie mächtig. Jetzt hält er die Königin gefangen, aber wir wissen nicht, wo.", erklärten die Elfen. „Deshalb brauchen wir die

Hilfe des Waldgottes Mornaphor." Da ertönte eine tiefe Stimme aus dem alten Walnussbaum: „Mornaphor, der Gott des Waldes, hat die Bitte der Elfen vernommen. Er weiß, dass sie seiner Hilfe bedürfen, um ihre Königin zu befreien. Doch Mornaphor kann den Elfen nicht helfen." Fassungslos sahen sich die Elfen an. „Guter Waldgott, du bist groß und mächtig. Warum kannst du uns nicht helfen?" Wieder erklang die Stimme aus dem Baum. Dieses Mal zitterte sie. „Der rotäugige Gnom, der die Königin der Elfen gefangen hält, hat auch Faemoa in seiner Gewalt." „Wer ist Faemoa?", fragte das Mädchen leise. „Faemoa ist Mornaphors Schwester", erklärte der Baum. Wieder sprach er von sich in der dritten Person. „Golrosch hat gedroht, sie zu töten, wenn Mornaphor etwas gegen ihn unternimmt. Deshalb hat Mornaphor einen Eid geleistet, Golrosch nicht anzugreifen." Hilflos schauten sich die Elfen an. „Dann gibt es keine Hoffnung für unsere Königin", weinten sie. „Allein können wir sie nicht finden und befreien." Mit tränenüberströmten Gesichtern flogen sie davon und vergaßen sogar das Mädchen, das allein zurückblieb. Lindren setzte sich unter den Baum und dachte nach. „Sag doch, ehrwürdiger Gott des Waldes, was genau hast du dem bösen Wicht geschworen?" „Mornaphor hat geschworen, dass er ihn nicht angreifen wird", erwiderte die Stimme im Baum nachdrücklich. „Aber hast du auch geschworen, keinem anderen zu helfen, den Gnom zu besiegen?", fragte das Mädchen weiter. Jetzt lächelte der Baum: „Nein, das hat Mornaphor nicht geschworen. Einen Rat kann er immer aussprechen." „Dann rate mir, was ich tun soll", rief das Mädchen. „Ich will euch helfen." „Wer zu Füßen des Waldgottes im Gras sitzt, wird den Schlüssel in Händen halten."

Lindren beschloss, am Fuße des Baumes zu übernachten. Hier fühlte sie sich in Sicherheit. So lehnte sie sich an den Stamm, schloss die Augen und schlief ein. Am anderen Morgen wurde sie durch ein paar vorwitzige Sonnenstrahlen geweckt, die sie an der Nase kitzelten. Das Mädchen rieb sich die Augen und sah sich um. Sein Blick fiel auf ein paar Schlüsselblumen, die gleich neben ihm wuchsen. Als der Wind leicht durch die Blüten strich, begannen diese zu klingeln und ein kleiner goldener Schlüssel fiel ins Gras. Das Mädchen hob ihn auf. Als es ihn berührte, begann er zu funkeln. Leise knarrte der Baum: „Drei Tage weit von hier in Richtung der Sonne liegt ein schwarzer

Berg. In seinem Stein findest du ein kleines goldenes Schloss. Wer den passenden Schlüssel besitzt, kommt unbeschadet hinein. Doch lege ihn unter keinen Umständen ab. Sonst ist alles vergebens." Da befestigte es den Schlüssel an einer kleinen goldenen Kette, die es um den Hals trug, deckte ein Tuch darüber, dass keiner das Funkeln sehen konnte, und machte sich mutig auf den Weg. Am Abend des dritten Tages sah es von weitem den schwarzen Berg. Er lag da wie eine faule Kröte. An seinem Fuße angekommen, suchte Lindren überall nach dem Schloss. Plötzlich begann über ihrem Kopf etwas zu glitzern. Sie sah hinauf und entdeckte, was sie suchte. Jedoch schien es unerreichbar. Da rollten Steine vom Berg herab. Die sammelte das Mädchen, türmte sie aufeinander und kletterte hinauf. Oben angekommen holte den Schlüssel hervor und schloss auf.

In dem Berg war es kalt und unheimlich. Böse Augen schienen Lindren aus dem Stein heraus anzustarren und sie zu verfolgen. Doch tapfer ging sie weiter, obgleich sie wie Espenlaub zitterte. Da hörte sie von weitem einen wunderschönen traurigen Gesang. Eine Frauenstimme sang von der Schönheit des Waldes, den Wundern der Natur, von Sonnenstrahlen auf Blütenblättern. Das Mädchen ging weiter in Richtung der Stimme. Da saß sie. Eine wunderschöne junge Frau mit langen braunen Haaren, die wie Zweige ihr Gesicht umrahmten. Sie trug ein Gewand aus Eichenlaub. Ihre Hände hatten die Form von Birkenblättern. Aus den kastanienbraunen Augen tropften Tränen. Wo sie auf das Kleid fielen, sprossen kleine grüne Triebe. Als sie das Mädchen erblickte, öffnete sie den Mund wie zu einem Schrei. Schnell legte Lindren einen Finger auf die Lippen und bedeutete ihr zu schweigen. Vorsichtig sah sie sich um. Dann schlich sie schnell zu der schönen Frau. „Bist du Faemoa?", flüsterte sie. Die Frau nickte. „Ich komme von deinem Bruder", verriet Lindren, „er verhalf mir zu dem Schlüssel, dass ich das Schloss zum Berg öffnen konnte. Komm schnell mit, lass uns fliehen." Doch Faemoa schüttelte den Kopf. „Ich kann nicht." „Doch, kannst du. Niemand ist mir gefolgt. Ich habe gut aufgepasst", erklärte Lindren. Wieder schüttelte Faemoa den Kopf. Da sah das Mädchen, dass Faemoa mit schweren Ketten an den Stein gefesselt war. „Die Ketten hat der böse Gnom mit schwarzer Magie geschmiedet", berichtete die schöne Frau. „Erst in dem Moment, in dem die Königin der Elfen ihm ihr Jawort gibt und er die Worte: ‚Jetzt bist du an mich gefesselt' ausspricht, öffnen sich die Ketten und fallen ab. Doch dann muss die Königin sterben. Das weiß der Gnom genau. Er tut das, weil er selbst Elfenkönig werden möchte und um sich am Waldgott zu rächen, weil der das bösartige Treiben verhindern wollte. Jetzt kann dieser gemeine Wicht tun und lassen, was er will." „Und es gibt nichts, was man tun kann?" Die Baumfrau sah Lindren eindringlich an. „Es gibt einen Weg. Doch der ist gefährlich und verlangt viel Mut." „Was ist das für ein Weg?" Fast lautlos hauchte Lindren die Frage. „Du musst die Elfenkönigin finden. Der böse Gnom hat sie in einen Stein verwandelt." „Wie soll ich sie da erkennen?" Lindren war ratlos. Ein Stein in einem Berg. „Du musst nach einem Stein suchen, dessen Herzschlag du hören kannst", flüsterte die schöne Frau. „Wenn du ihn gefunden hast, lege deine Hand darauf. Kümmere dich nicht darum, was er sagen wird. Doch sobald er dich ansieht, zeige ihm den kleinen Schlüssel, den du von meinem Bruder bekommen hast. Nimm auch einen der kleinen Triebe von meinem Kleid. Er wird dir von Nutzen sein." Das Mädchen pflückte einen der frischen grünen Triebe von Faemoas Kleid, verwahrte ihn zusammen mit dem Schlüssel in einem Tuch und machte sich eilends auf die Suche. Tief in den Berg hinein ging sie, wusste nicht mehr, ob es Tag oder Nacht war. Hin und wieder hörte sie einen Tropfen von der Decke auf den Boden fallen. Sonst war alles still. Immer weiter ging sie, ohne zu wissen, ob der Weg sie zum Ziel führen würde. Doch sie wollte fest daran glauben, wollte die Elfenkönigin und die Baumfrau befreien. Sie wusste nicht, wie lange sie schon auf der Suche war, wusste nicht, wie lange sie noch würde suchen müssen. Den Hunger beachtete sie nicht, doch der Durst quälte sie. Im Berg war es unerträglich warm. Sie spürte, wie ihr Herz klopfte. Doch warum klopfte es so laut? Da war ihr, als vernähme sie einen Herzschlag außerhalb ihres eigenen Körpers. Sie blieb stehen, atmete ganz flach und wollte ihr eigenes Herz beruhigen. Da, jetzt hörte sie es ganz deutlich. Sie stand direkt vor einem Stein, der zu vibrieren schien. Schnell nahm sie den Schlüssel in die eine Hand und legte die andere direkt auf den Stein. „Fass mich nicht an", ertönte eine böse Stimme, „sonst ergeht es dir schlecht." Lindren erschrak. Das hörte sich wie die Stimme des bösen Gnoms an. Doch sie dachte an die Worte der Schwester des

Waldgottes. Also ließ sie die Hand liegen. Der Stein nahm an Hitze zu, bis er glühte. Lindren hätte schreien mögen, doch sie nahm die Hand nicht fort. Da erschien auf der Oberfläche des Steins ein Auge von unbeschreiblicher Grausamkeit. Es war flammendrot, wuchs aus dem Stein heraus und wurde immer größer. Schnell streckte ihm Lindren den Schlüssel entgegen. „Schau genau hin", rief sie aus. Sofort verlor der Stein an Hitze, das Auge wurde klein und der Herzschlag so stark, dass sich Risse im Stein bildeten und er zu bröckeln begann. Da stand sie leibhaftig vor Lindren, die Königin der Elfen. „Du hast mich aus dem Stein befreit, liebes Mädchen", sprach sie mit glockenheller Stimme. „Doch kann ich nicht von hier fort. Meine Flügel sind verklebt. Ich kann nicht fliegen." Da fiel Lindren der frische Trieb vom Kleid der Baumfrau ein. Schnell nahm sie ihn aus dem Tuch. Er war während ihrer Suche gewachsen und hatte viele Tautropfen gebildet. Damit reinigte Lindren die Flügel der Elfenkönigin. „Wie kann ich dir danken?", wollte diese wissen. „Jetzt bin ich frei und muss den bösartigen Gnom nicht zum Manne nehmen." Lindren schilderte ihr, wie die Baumfrau ihr geholfen hatte und dass diese immer noch gefangen sei. „Höre, liebes Mädchen", sagte Reigawen, „es gibt eine Möglichkeit, dem schändlichen Gnom ein für alle Mal das Handwerk zu legen. Das ist aber nur dann möglich, wenn ihn ein menschliches Wesen überlistet. Gnome sind eitel und von sich überzeugt. Wenn sie auf eine List hereinfallen, schämen sie sich so sehr, dass sie sich tief in einen Berg zurückziehen und sich nie wieder sehen lassen." „Ich will alles tun, was möglich ist", versprach Lindren. „So höre", sagte die Elfenkönigin, „du wirst meine Gestalt annehmen. In dieser Gestalt wirst du dem Gnom dein Jawort geben. Wenn er dann die Worte seines vermeintlichen Triumphs ausspricht und die Ketten von der Baumfrau abfallen, sieh ihm ins Gesicht und zeige den Schlüssel. Er wird dein wahres Ich erkennen und seine Macht ist gebrochen."

Lindren hatte Angst, zeigte sie aber nicht. Doch Reigawen wusste genau, wie dem Mädchen zumute war. „Fürchte dich nicht", sagte sie liebevoll, „der Schlüssel wird dich beschützen. Auch der Schutz des Waldgottes ist dir gewiss, denn das verstößt nicht gegen seinen Schwur." Lindren holte tief Luft: „Ich bin bereit". Die Elfenkönigin erhob sich ein wenig in die Höhe. Direkt über Lindrens Kopf schüttelte sie ihre Flügel und Elfenglimmer fiel auf das Mädchen herab. Silberhelles Lachen erklang, als die Elfe direkt vor Lindren stand. „Du siehst aus wie meine Zwillingsschwester", schmunzelte sie. „Die Täuschung ist perfekt." „Doch der Gnom hat dich doch in einen Stein verwandelt." Lindren war ratlos. „Wie soll ich denn zum Stein werden?" „Hier ist es so dunkel, dass der Gnom nichts merken wird. Häng dir dieses dunkle Tuch über. Es hat ein Steinmuster und sieht täuschend echt aus." Lindren wickelte sich in das Steintuch und hockte sich auf den Platz, an dem Reigawen zuvor als echter Stein gestanden hatte. Diese flog ein Stück weiter und verbarg sich in einer tiefschwarzen Nische. Sie mussten gar nicht lange warten, denn Golrosch kam jeden Tag einmal vorbei. Immer stellte er die gleiche Frage: „Königin der Elfen, willst du die Schwester des Waldgottes befreien? Dann gib mir dein Jawort. Sonst bleibt sie meine Gefangene. Und auch du behältst deine steinerne Hülle." So war es auch dieses Mal. Golrosch fragte und glaubte, die Antwort zu kennen. Daher wunderte es ihn nicht wenig, als der Stein antwortete: „Ja, Golrosch, ich will dir mein Jawort geben." Ein breites gemeines Grinsen zog sich über das Gesicht des Gnoms. „Hast wohl endlich eingesehen, dass ich mächtiger als alle anderen bin. Hast endlich begriffen, dass du nichts gegen mich tun kannst. Ist auch viel klüger, zu tun, was ich will. Dir bleibt ja doch keine Wahl." Leise erwiderte Lindren: „Ja, das habe ich eingesehen." „Sobald der Tag anbricht, hole ich dich. Du sollst dein Jawort auf der großen Lichtung im Wald geben. Ich möchte doch dein Volk nicht von der Hochzeit ausschließen. Alle sollen ihren neuen König kennenlernen. Auch den Waldgott wird es sicher interessieren. Schließlich hängt von deinem Jawort das Schicksal seiner Schwester ab." Und mit einem grauenhaften Gelächter zog er ab.

Sofort kam Reigawen angeschwirrt. „Er hat nichts gemerkt", flüsterte sie. „Hab keine Angst. Es wird alles gutgehen." Lindren schluckte und nickte stumm. Reigawen versteckte sich wieder und wartete ab. Der Gnom ließ nicht lange auf sich warten. „Der neue Tag hat begonnen. Die Sonne steht bereits am Himmel. Auch wenn ich sie hasse, soll unsere Hochzeit im Sonnenschein stattfinden, damit alle recht gut sehen können." Hämisch grinste er: „Es soll doch niemand etwas verpassen. Deshalb werde ich dich jetzt wieder in eine Elfe verwandeln.

Als Stein willst du doch nicht heiraten." Er lachte laut über seinen Witz und begann, einen Zauberspruch zu murmeln. Dabei schloss er die Augen und hob die kralligen Hände. Vorsichtig streifte Lindren das Steintuch ab und versteckte es unter einem Felsbrocken. Dann erhob sie sich. Der Troll öffnete seine Augen und schaute sie an. „Ich hatte dich etwas anders in Erinnerung." Innerlich erschrak Lindren zutiefst, ließ sich aber nichts anmerken. „Du hast mich so lange als Stein gesehen, dass du mein wirkliches Aussehen nicht mehr kennst", erwiderte sie. Der Gnom schnaubte vor sich hin. „Komm jetzt. Sicher warten schon alle." Er führte sie aus dem Berg hinaus zur großen Lichtung. Alle Waldbewohner waren da und warteten. Das Volk der Elfen hatte sich auf Blumen niedergelassen. Die Bäume standen im Kreis um die Lichtung, unter ihnen war auch der Waldgott. Gnome und Zwerge saßen auf Pilzen. Triumphierend schaute Golrosch sie der Reihe nach an. „Hört her, ihr alle", rief er laut. „Die Königin der Elfen wird mir hier vor euch ihr Jawort geben." Dann drehte er sich zu den Elfen: „Von da an bin ich euer König." Niemand sagte ein Wort. Golrosch kletterte auf einen Stein, um größer zu wirken. Er schaute Lindren an und rief: „Erkläre hier vor allen, dass du mir dein Jawort gibst." Lindren stellte sich neben ihn und holte tief Luft: „An diesem Tag und an dieser Stelle erkläre ich vor euch allen, dass ich Golrosch mein Jawort gebe. Hat es jeder vernommen?" Alle nickten schweigend und schauten Lindren ungläubig an. Im gleichen Moment, als Golrosch verkündete: „Jetzt bist du an mich gefesselt", trat Faemoa, die Schwester des Waldgottes herbei. Der schaute erleichtert auf seine Schwester. „Bist du endlich wieder frei?" „Ja, die Ketten sind von mir gefallen", erwiderte sie froh. Ein ungläubiges Staunen trat plötzlich auf alle Gesichter. Denn jetzt schwebte Reigawen, die Elfenkönigin heran. Ein aufgeregtes Gemurmel ertönte unter den Zuschauern. „Das sind ja zwei." „Ja, wie kann das sein?" „Wer ist denn die echte?" Golrosch traten fast die Augen aus dem Kopf. Verdattert starrte er von der einen zur anderen und kreischte: „Was soll das heißen?" Laut und für alle vernehmlich sprach Lindren: „Diese Frage kannst du dir selbst beantworten. Sieh her und erkenne die Wahrheit." Mit diesen Worten hielt sie den goldenen Schlüssel in die Luft und stand wieder in ihrer wahren Gestalt da. Golrosch lief vor Wut knallrot an und schnappte nach Luft. Als er aber erkannte, wie groß seine Niederlage war, wurde er blass und sackte in sich zusammen. Wortlos drehte er sich um und schlich fort. Und niemals hat man je wieder etwas von ihm gehört.

Beate Kunisch

Haiku

Grüner Samtteppich
Führt zu bewaldetem Berg
Stufe zum Himmel

Kay Ganahl

Eines Berges Tanz
Eine fantastische Bergsatire

So einiges gibt es auf unserer Erde zu erfahren. Gern suchen wir nach Erklärungen. Das ist eine Suche, die nicht immer leicht fällt. Mancher scheitert an seinem Bemühen. Unsere kleine Erde, dieser im All schwebende Körper, wird uns jedenfalls – sofern keine Katastrophe zur Heimsuchung für alle Erdlebewesen eintritt – erst einmal nicht enttäuschen. Sie gibt einem Großteil von uns Planetenbewohnern Nahrung und Obdach.

Die Wissenschaften, in die weltweit alljährlich Milliarden Euro gesteckt werden, erklären viel, aber sicher nicht alles. Sehr engagiert arbeiten die großen Köpfe in der Welt der Wissenschaften daran, allem auf den Grund zu gehen. Ganz tief. Darüber ließe sich ausgiebig philosophieren und mannigfaltig diskutieren. Das wird nicht geschehen.

Vorerst befindet sich der Weltenlauf nicht mehr im Startmodus, allerdings, und dies erfreut das Herz des überzeugten kosmopolitischen Bürgers, kommt das eine oder andere Bemerkenswerte oder Seltsame vor. Vor diesem steht der Mensch mit offenem Mund, das Staunen ist groß.

Als ich, dessen Zukunft ungewiss schien, obzwar die Gier nach Neuem und Großem unzweifelhaft gegeben war, eines Tages in einer meiner vertrauten Gegenden eine Wanderung zu Fuß unternahm – mit edlem Tablett-Computer, rotem Rucksack und auch mit einiger Fantasie – vermeinte ich, arglos wie ich ja so oft war, mich in jeder Hinsicht wohl zu fühlen. Ich hielt mich für stark, weil gegen alle Überraschungen gewappnet – eben wie ein Ritter auf seinem Streitross, der zwar nicht gegen Windmühlen anreitet wie Don Quichotte, jedoch ansteht gegen allerlei Unsinnigkeiten im Lebensalltag.

Jedoch an Böses und sehr Abseitiges, an Sinnestäuschungen oder gar an PSI-Phänomene zu denken und in dieser Richtung zu fühlen, schien mir äußerst abwegig zu sein.
Und die heutige Geschichte ist kurz, aber eher ein wenig rätselhaft. Sie bedarf dennoch, so meine ich, keines abgehobenen Begreifens. Von jedermann kann sie leicht verstanden werden. In der Gegenwartsform erzähle ich diese Geschichte jetzt, jedermann kann sich sofort ins Geschehen einfühlen …

Dieser Berg vor mir, und ich bin seit geraumer Zeit vor Ort, bewegt sich tatsächlich! Ich sehe alles genau vor mir. Seine Bewegungen werden von meinen Sinnen bestens erfasst. Weit und breit ist dies die einzige Erhebung in der Landschaft, die man wirklich als Berg bezeichnen kann. In höchster Anspannung verweile ich vor ihm, habe zu zittern angefangen. Meine Gedanken strömen wild. Es wird mir etwas widerfahren, das nicht schön ist. Vielleicht geschieht das unglaubliche Paranormale, von dem man gern liest, dem man jedoch ungern persönlich begegnet, weil es einen das Fürchten lehrt.
„Ich glaube das nicht!" stoße ich aus, wonach ich erstarre. Die neben mir stehende Freundin Vroni lächelt versonnen. Sie lächelt! Sagt: „Ich auch nicht!"
Wir halten Händchen; ihr Lächeln friert im Gesicht ein, was ihr öfter passiert.
Trotz dieses Phänomens der Bergbewegungen, so denke ich, kann ich gut denken. Ich muss dies annehmen, weil ich sonst durchdrehen würde. Der sich ziemlich klar bewegende Berg hat vielleicht Absichten, die mir noch unbekannt sind – die zu erfahren ich das leidvolle Vergnügen haben könnte!
Welche „Absichten" …?! Momentan kommt es mir sogar so vor, als würde er mit mir kommunizieren. Ist das möglich? Er hat kein Haupt, keinen Mund zum Sprechen. Etwas Menschliches fehlt ihm gänzlich, überhaupt wirkt er keinesfalls lebendig. Seine Bewegungen finden aber unzweifelhaft vor meinen Augen statt. Es sind dies Bewegungen, deren Ursache ich nicht erklären kann. Von wegen „Absichten": Irrt meine Fantasie mit mir durch unbekannte absurde Gegenden? Oder, ganz einfach: Ist dies ein Erdbeben …?!

Freundin Vroni hat sich an mich geschmiegt. Ihr zwölfjähriger Sohn Peterle schießt von hinten schreiend heran. Dieser Berg ist mehr als nur beeindruckend! Mit tänzerischer Finesse und viel Gestik zieht er auf einmal eine große Show ab. Fesselt unsere Sinne … wirklich auch Vronis? Was und wen nimmt sie eigentlich wahr? Mich. Vielsagend sind nun ihre Worte: „Warum starrst Du denn auf diesen komischen Berg, Karlmann?" Über diese Frage kann ich nur staunen, denn die Antwort hat sie, sobald sie auf diesen Berg, den „Mattermann" schaut.
„Er lebt … irgendwie … ich sehe es mit eigenen Augen", spreche ich so sachlich wie möglich. Vroni guckt mich zweifelnd an. Dann bemüht sie ein sehr freundliches Lächeln.
„Tatsache! Ich höre, was er mir sagt. Er bewegt sich als tanzender Berg, … bewegt sich seltsam, kommuniziert mit Worten. Er spricht unsere Sprache, hörbar … hörbar!"
„Was meinst Du?" reagiert sie lediglich. Peterle rennt auf den Berg zu. Der „Mattermann" ist dann allerdings regungslos still.

Mit Peterle gehen wir zu unserem Zelt bei einem holprigen Fußballplatz, auf dem gerade einmal keine Kinder und Jugendlichen spielen. Es hat zu regnen angefangen, weshalb ich den großen lila Schirm aufspanne, so dass wir unter ihm verschwindend bald ins Zelt huschen.
Zu meiner Klampfe singe ich inbrünstig das Lied „Oh, mein Glück", und auf Vronis Wangen kullern die Tränen. In diesen Stunden scheint der „Mattermann" ohne Bewegungen zu sein. Ich haue unsanft in die Saiten, dabei hoffend, dass dieser Berg sich möglichst lang zurückhalten werde.
Die Zeit vergeht so schnell, dass ich des Berges Gegenwart vergesse, wiewohl er hier und jetzt unzweifelhaft Tatsache ist. Morgen auch noch …? In der ganzen denkbaren Zukunft allen Erdlebens.

„Hau' rein!" fordert mich Vroni barsch auf, als ich mit dem Gitarrespielen und Singen aufgehört habe. Sie beleidigt mich damit fast, denn ich hasse diesen Ton bei Menschen. Dadurch erinnere ich mich aber an die seltsamen Bergbewegungen. Bald krieche ich wortlos aus dem Zelt und blicke mich um.

Welch Überraschung! Der Berg „Mattermann" hat sich dort, wo der Fußballplatz gewesen ist, hin verpflanzt. Dies finde ich denn doch extrem beängstigend. Vroni, jetzt neben mir, erblasst beim Anblick des massiven Ungetüms. Sie bringt keinen Ton heraus. Grau sind die wenigen Bäume auf ihm. Es wabern langsam granitene Strukturen. Weil es Abend ist, wird der Anblick des „Mattermann" entsprechend verdüstert. Jetzt steht für uns beide gleichzeitig fest, dass dieser Berg weder natürlich noch normal ist. Die Geologie – mit einem Erdbeben nicht zu erklären - spielt hier verrückt. Oder ein Berggeist hat uns dazu auserkoren, Zeugen seiner Zaubereien zu werden.

Wir sehen und hören einen tanzenden „Mattermann" als mächtiges graues Ungetüm, das uns etwas aufführt, dem wir uns nicht entziehen können. Wir können nur bleiben. Es macht Angst und unterhält zugleich, tanzt jetzt ja ganz langsam. Was für ein tanzendes Etwas oder tanzender Jemand oder oder!? Fraglich ist, ob Peterle und seine Mutter dergleichen rational zu erfassen vermögen.
Ich, der allerlei Seltsamkeiten und Unsinnigkeiten im Leben Gewohnte, behalte die Nerven - fühle mich durch das sehr genaue Beobachten von Bewegungen seines ganzen Körpers angehoben. Es gilt, alles mir rational und emotional Begegnende habe ich gewissenhaft auszudeuten, denn die Welt steht auf dem Spiel. Wahrlich, die Erde ist in ihrer Existenz gefährdet, denn wenn Berge anfangen, sich auf diese Art und Weise Menschen gegenüber zu „verhalten", dann tauchen die bedeutsamsten Fragen auf. Der Verstand wird stark gefordert. Die Nerven werden sehr strapaziert. Und es für möglich zu halten, dass ein Berggeist derartiges arrangieren könnte, ist Grund, am eigenen Verstand zu zweifeln.

So etwas hat es wohl noch niemals zuvor gegeben! Wo sind die Medien, die jetzt live darüber berichten? Vielleicht wurden sie von einem Berggeist verzaubert, hocken im Geäst der grauen Bäume?!
„Bleib' wo Du bist, Berg!" rufe ich mit der Macht aus, die mir meine Stimme verliehen hat. Er kommt leicht tanzend Zentimeter für Zentimeter näher an uns heran. Der menschliche Fluchtinstinkt beginnt zu wirken: Vroni ist in eine Erdmulde gesprungen, Peterle panisch hinterher.

Lauter, viel lauter sollte ich werden, doch es bleibt beim Versuch dazu. Lächerlich würde ich mir vorkommen, jetzt ein Schauspiel der Angst zu liefern, denn ich meine, dass tapferes Standhalten besser ist! Eine lautere Stimme bedeutet nicht, mehr Macht und Einfluss auf Vorgänge oder Personen zu haben.

„Mattermann" als die momentane Gestalt der Angst und Einschüchterung könnte uns unter sich oder in sich verschwinden lassen. Er könnte, so real er offensichtlich ist, alles Schlechte bewirken, was in meiner Fantasie möglich wäre. Jedoch: Er befindet sich in diesem Augenblick nur noch bewegungslos auf dem Fußballplatz. Still. Völlige Ruhe ist über uns eingebrochen. Wir betrachten ihn furchtsam.

Andreas Erdmann

Asylum

Worte, Worte um Worte hatten dich bis ans Ufer des Meeres getrieben. Hier aber... Hier war die Sprache zu Ende. Denn hier verlor sich dein Weg am äußersten Saum einer Landzunge - und du hieltest inne, verharrtest und standest, die hohen, vom Wind beflüsterten Wogen der Dünen im Rücken, still schweigend am Rande der Welt. Hier standest du also, und vor dir, zu deinen Füßen, erstreckte sich weit, weithin über der schillernden, schaukelnden Fläche des Wassers unfassbar, unendlich das Namenlose.

Nun... Du standest nicht lange. Da drängte es dich plötzlich, weiterzugehen. Doch du kamst keinen Schritt mehr voran, denn du konntest die Sprache unmöglich verlassen. Nein, konntest die Grenze ja nicht überschreiten und aus der Welt der Worte heraustreten, konntest nicht über das Wasser gehen. Konntest nicht. Oder konntest du etwa. Könntest es immerhin einmal versuchen: Ja. Aber nein, so sagtest du dir und dachtest, selbst wenn's dir gelänge, den Fuß aufzusetzen und Schritt um Schritt auf dem Wasser zu wandeln, dann wüsstest du gar nicht wohin. Wohin denn, wohin solltest du gehen auf den Fluten, die scheinbar nirgendwo anlangten, sondern sich jenseits des Horizontes verstiegen, wo sie im flimmernden Blau mit dem leuchtenden Himmel ins eins übergingen.

Und weil du nicht auf der See zu gehen, jedoch auch nicht länger zu stehen vermochtest, setztest du dich an den Strand und ließest dich rücklings auf einem der schwärzlich blau schimmernden Steine nieder - das heißt, du ließest dich nieder auf dem, was du halt einen Stein nanntest - und recktest dich, strecktest die Beine von dir.
Krank warst du... Krank wie der Strand, wie der pulvrige, schwarzstaubige Sand unter deiner Sandale, der dich - ach! - an zerfallene Asche erinnerte... Krank warst du, krank wie das Meer, das sich dir hier in Zungen an deine Fußspitze spülte. Das Meer, das mit einem Mal wild vor dir aufschäumte und sich mit

seinen rauschenden Wogen und einer zischenden Gischt in deine Augenhöhlen ergoss. Es schoss dir durchs Aug'. Salzig war's, brannte, brannte. Floß es in dich hinein? Floß es aus dir heraus? So fragtest du dich und kamst dir, zum einen, so vor wie ein leeres Gefäß, das sich in seinem Inneren mehr und mehr mit Flüssigkeit füllt, zum anderen aber meintest du überzufließen. Denn wässrig löste es sich dir von der Wimper, rann dir in Strömen am Flügel der Nase herunter und troff dir vom Mundwinkel, tropfte vom Kinn. Und wie du, noch schnaufend, jetzt deinen Kopf in den Nacken schobst und deinen Blick nach oben erhobst, da... da sahst du auf einmal den Himmel im Wasser. Sahst in den Lüften ein schwimmendes Meer und alles durchflutet vom Licht. Und alles Licht strömte, verströmte sich hell, ja beinahe grell im gleißenden Weiß, zerfloss dann zu goldnen, nun rötlich verschwommenen, feurig aufflammenden Farben, bis hin zu Purpur, Hellgrün und flirrenden Tönen, für die du gar keinen Namen mehr wusstest. So schwemmte das Licht sich dir in den Blick, ohne dass du seine Quelle hättest ausmachen können. Oder sahst du den Stern? Sahst du ihn? Sahst du?

Den Stern, nein den Stern sahst du nicht: Der Sonnenstern schien in der Tiefe, weit drunten im leuchtenden Lichtmeer versunken - und du erschrakst. Erschrakst jetzt zutiefst, sowie du in deiner Betrachtung bemerktest, dass du gar nicht zum Firmament empor, sondern von oben hinunter, hinab und hinein in die himmlischen Gründe einblicktest. Du sahst dich in schwindelnder Höhe, hoch droben am Ufer über der Lichtflut dasitzen. Und Unten war Oben, und Oben war Unten. Nein, Omeingott!!, durchzuckte es dich: Die Welt steht auf dem Kopf! Auf dem Kopf! Dein Herz schlägt wie wild, und du suchst dich noch mit zitternder Hand am Stein festzuhalten. Bist gepackt von der Furcht, du könntest vornüber ins All hineinstürzen. In diesem Moment fällt dir dein Haupt auf die Brust, die Augen fallen dir zu, die Lider bleischwer. Und um dich herum ist es finster und schwarz. Schwarz. Tiefschwarz.

Langsam, nur langsam und ganz allmählich kamst du aus deiner Ohnmacht zu dir. Fandest dich wieder wie aus einem traumlosen Schlaf. Die Augen verklebt und verkrustet, vom Salz der Tränen vertrocknet. Du sahst nichts. Nichts. Nichts - aber wolltest im

Augenblick deines Erwachens auch weder etwas sehen noch erkennen.

Lagst rücklings im Sand. Lasest dich auf, zogst dich blindlings hinauf auf den Stein. Saßest dann da und hobst an zu horchen, horchtest- und hörtest von ferne den Hauch eines wispernden Windes. Erlauschtest dann leise, leise wie von weither, das Rauschen des Wassers. Doch rasch schwoll es an und schien immer näher und näher zu kommen: Lauter und lauter vernahmst du alsbald die Brandung im Kommen und Gehen der Flut: Du hörtest die schlagenden Wogen, die Wellen in schwellenden Tönen aufbrausend, mal brauschend und wauschend. Und dann wieder gluckernd und glucksend. Mitunter ein Murmeln. Sogleich aber klatschte es, geischte und schnalzte dir ins Gehör, als peitschte das Wasser kalt, warm und nass geradewegs durch deine Ohrmuschel in dich hinein. Und du. Du sogst es auf und trankst. Oh, du trankst mit den Ohren, trankst Woge um Woge und Wort um Wort, denn das Meer sprach. Ja, es sprach. Sprach zu dir, sprach sich dir zu und erzählte sich dir. Dabei sprach es, von tausend Zungen bewegt, in tausend Stimmen. Du hingegen warst stumm, stumm wie ein Fisch, hörtest ihm zu und warst stille, vollkommen stille geworden. So saßest du also am Ufer und lauschtest der sagenhaften Geschichte des Meeres. Und fandest es nicht einmal seltsam - nein, wundertest dich nicht im Geringsten - dass du seine ozeanische Sprache verstandest; und du verstandest sie gut, sehr gut! Denn die Sprache des Meeres war deutlich und flüssig und klar, flüssig und klar wie das Wasser. Du aber warst völlig sprachlos. So sprachlos, dass du keinen Deut zu sagen vermocht hättest, was - ja, was dir das Wasser erzählte. Vermutlich wäre es in seiner Erzählung nie- nie- niemals zu einem Ende gekommen, hättest du nicht plötzlich, urplötzlich aus all den Geräuschen heraus eine ganz andere Stimme vernommen. Eine Stimme, die dir vertraut, auf ihre Art durch und durch menschlich vorkam: „Komm!" hörtest du, wie sie dich rief: „Komm, komm zu mir! und fürchte dich nicht!"

Wer, irgendwer rief von wo, irgendwo... und du riebst dir die Augen, bekamst die verkrusteten Lider einen Spalt weit geöffnet und sahst dich geblendet von einem gleißenden Licht.

Du schirmtest die Hand vor, spähtest zwischen zwei Fingern hindurch, hinein in das leuchtende Abendrot: Da sahst du auf einmal den Stern, ja den Stern, wie er jenseits der wallenden Fluten in seine himmlische Tiefe eintauchte: Sonne versank und brannte im flammenden Feuer den Himmel herauf und herüber über die wogenden Weiten des roten, nun blutroten Meeres. Und, gebrochen im Licht, dort von Strahlen umrahmt, erblicktest du jetzt in einiger Ferne vor dir den Umriss des Schattens: erkanntest darin die Gestalt eines hünenhaft, hoch aufgewachsenen Mannes in einem luftig flatternden, langen Gewand, die Haare im Wind - so stand er dort auf dem offenen Meer!
„Nun, komm schon, worauf wartest du noch?!" winkte er dich zu sich heran.
„Aber - ich..."
„Mensch, wo willst du denn hin?" rief er dir zu.
„Ich weiß - ich weiß nicht..."
„Du kannst nicht umkehren, kannst nicht zurück, von woher du kamst. Denn dein Land ist verbrannt. Und du kannst auch nicht ewig am Strand sitzen bleiben, denn es wird bald Nacht. S' ist höchste Zeit, dass du aufbrichst!"
„Ja, aber - ich kann nicht schwimmen!"
„Na, steh' auf und geh! Geh und komme herüber!"
„Neinein, ich kann unmöglich zu dir," gabst du lauthals zurück: „Denn ich schaffe es nicht, auf dem Wasser zu gehen!"
„Ach was! Du schaffst es - wenn ich's dir sage."
„Hmmmmm," machtest du und überlegtest kurz - riefst: „So sage mir, wie!?"
„Wie?! Nun, sieh doch, das Licht scheint dir hell auf den Weg. Und sieh nur, wie sich die See beruhigt hat. Sie liegt stille und unbewegt vor dir wie eine Straße. Und eine Straße, mein Freund, kannst du doch sicher betreten!?"
„Sicherlich," meintest du, gabst dir jetzt einen Ruck und erhobst dich in einem Satz von dem Stein. Kamst etwas wankend und schwankend zum Stehen und schobst einen Fuß in der Sandale nach vorn in den schwarzen Sand. Den zweiten Fuß zogst du nach und setztest ihn mit der Sohle aufs Wasser. Dachtest dir noch, das sei menschenunmöglich - und standest bereits auf der spiegelnden

Fläche des Wassers wie auf einem trockenen Grund. Du gingst, gingst zwei- dreivier weitere Schritte und sankst ein wenig ein, bis zur Ferse - ach! da beschleicht dich die Angst. Sinkst ein bis zur Fessel und spürst, wie's feucht deine Knöchel benetzt: „Ich ertrinke!" schreist du: „Ertrinke, ertrinke!"

„Nein, du wirst nicht ertrinken – wenn ich's dir sage."

„Ersaufen werd ich!" schriest du auf, rudertest mit deinen Armen - brachst ein bis zur Wade: „Oh Hilfe, ich kann keinen Meter weit schwimmen!"

„So fürchte dich nicht und glaube mir nur!" rief der Mann aus dem Schatten.

„Ich will dir ja gerne glauben...", meintest du noch. Und du schöpftest Vertrauen, glaubtest dem anderen und glaubtest dem, was er dir sagte, hobst deinen Fuß aus dem triefenden Nass und fandest erneut einen sicheren Halt. Du tratest fest auf und begannst vorwärts zu schreiten, schrittest schon schneller – und hobst an zu laufen. Ja. Ja, du liefst. Du liefst, liefst und liefst hier mit fliegenden Schritten über das Meer, liefst dort dem Mann im Schatten entgegen, ihm und dem strahlenden Licht. Und du kehrtest dich nicht mehr um. Nein, du blicktest nicht einmal zurück, um von der Welt, aus der du kamst, Abschied zu nehmen. So liefst du hinaus in den Abend und wusstest, am kommenden Morgen wird es den Strand, an dem du vorhin noch hockest, gar nicht mehr geben. Und der Sand, der pulvrige, schwarzstaubige Sand, der wie Asche ausschaute, wird nicht mehr sein. Dann wird auch das Land nicht mehr sein, nicht die Landzunge. Und nicht das Wort, das furchtbare Wort, welches das ganze Land mit einem einzigen Trauerflor überzieht. Dann wird der Stein nicht mehr von seinem Namen verschleiert und werden die Namen wie lumpige Fetzen von allen Dingen herunterhängen. Und dann endlich, dann wird alles licht sein, ist alles gelichtet und nichts mehr verschleiert. Dann ist auch das Meer nicht mehr verschleiert und ist der Himmel über den Wassern nicht mehr verschlossen, sondern steht offen, weit offen für alle.

Saga Grünwald
Aufwind

Freiflug
im Aufwind
über den Wellenbergen
flattern die Flügel leichter
Vogelfreiheit

Christiane Trunk
Bauland

Bauland war unser Südkalifornien
Staubig, trocken und heiß
Erdwälle stellten Berge dar
Distelfelder die Wüste
Ein kleiner Tümpel
war rettende Oase
Wir liebten die Berge sehr
Gras hatte sie überwuchert
und Kamille duftete betäubend

Am Tage waren wir Abenteurer, Gipfelstürmer
oder freiwillig Gehetzte
in panischer Angst
Abends hockten wir auf dem Hasenberg
bestaunten Abendblau und rosa-runden Mond
In der Dämmerung bekamen wir ein anderes Gefieder
Wir erwogen leise
Frauen zu werden

Martina Hörle
Die nichtsnutzigen Riesen

Eine Sage erzählt, dass es in früheren Zeiten hier zwei Riesen gab, Olbarath und Gonuh. Sie waren gewaltig groß und sehr ungehobelt, aber sie taten niemandem etwas zu Leide. Jedenfalls nicht mit Absicht. Doch sie waren oft ungestüm und trieben gerne ihren Schabernack. So fanden sie es lustig, wenn sie den Leuten die Dächer von den Häusern nahmen. Dann schauten sie mit großen Augen, wie die Bewohner vor Aufregung hin und herrannten, vor allem, wenn es anfing zu regnen. Dann holten die Menschen geschwind Töpfe und Eimer, um möglichst viel Wasser aufzufangen.

Die Riesen sahen sich dabei lachend an. Sie hatten ihren Spaß und merkten nicht, wie viel Schaden sie anrichteten. Ein anderes Mal hatten sie mit der einzigen Kuh eines Bauern Ball gespielt. Vor lauter Aufregung und Angst war das Tier schließlich verendet. Die Riesen kümmerte das nicht. Was scherte sie ein toter Ball? Sie suchten sich einen neuen Zeitvertreib.

Oft lagen sie auf einer Wiese oder einem Acker und schnarchten so laut, dass die Vögel vor Schreck tot von den Bäumen fielen. Die Bauern konnten ihre Felder nicht bestellen. Die Saat kam nicht rechtzeitig in den Boden, denn wenn die Riesen einmal schliefen, dann schliefen sie. Oft lagen sie Wochen auf demselben Fleck und rührten sich nicht. Es konnte keine Ernte eingebracht werden und Mensch und Tier hungerten. Auch das Wasser in den Brunnen versiegte langsam. Die Riesen hatten ihr Haustier, eine Riesenkröte, ausgerechnet in die Quelle gesetzt, die die Brunnen mit Wasser speiste. Jetzt saß das Tier im Weg und soff alles auf.

In ihrer Not überlegten die Menschen, was zu tun sei. Schließlich kamen sie auf die Idee, einer solle zu den Riesen gehen, um mit ihnen zu reden. Doch keiner traute sich. Dann, so beschloss Isnar, der Rechtsprecher des Dorfes, musste das Los entscheiden. Man versammelte sich vor der Gerichtslinde, neben der ein großer Korb aufgestellt war. Der Rechtsprecher warf nun für jeden, der im Dorf lebte, eine weiße

Kugel in den Korb. Nur eine Kugel war schwarz. Dann verschloss er den Korb ganz fest mit einem Deckel. Der Reihe nach trat jeder vor und holte durch die kleine Öffnung im Deckel eine Kugel aus dem Korb. Wer die schwarze zog, musste zu den Riesen gehen.
Als nur noch wenige Kugeln übrig waren, trat Torjan, der Schuster, an den Korb. Er war ein armer Mann, der nur eine kleine Hütte sein Eigen nannte. Torjan hatte zwei schöne Töchter, Kanedra und Ashild, die er von Herzen liebte. Und auch sie waren ihm sehr zugetan. Beide hielten den Atem an, als der Vater in den Korb griff. Heraus zog er – die schwarze Kugel. Entsetzt schrien die Schwestern auf. Torjan schaute sie an, totenbleich. Mit schweren Schritten ging er auf sie zu. Immer noch hielt er die Kugel in der Hand. Gar mancher sah ihn voller Mitleid an, atmete aber doch im Stillen auf, dass das Los ihn nicht selbst getroffen hatte.
„Torjan hat die schwarze Kugel gezogen." Laut hallten die Worte des Rechtsprechers in Torjans Kopf wieder. Er sagte nichts, ging wie betäubt zurück zu seiner Hütte. Seine Töchter folgten ihm, die Wangen tränenüberströmt. Daheim saßen sie schweigend am kalten Herd. Niemand machte sich die Mühe, ihn anzuzünden. Sie hätten die Wärme ohnehin nicht gespürt. Die Kälte der Angst und Verzweiflung hatte sie ergriffen. Lange saßen sie so. Endlich erhob sich der Vater. Er schien um Jahre gealtert. „Es gibt keinen Ausweg", sagte er mit dumpfer Stimme, „ich will gehen und es hinter mich bringen."
Kanedra sprang auf und schlang die Arme um ihn. „Lieber Vater, warte noch etwas", rief sie verzweifelt. Auch Ashild bat den Vater, nicht zu gehen. „Schau doch", sagte sie leise, „es wird schon dunkel. Bleibe die Nacht über hier. Morgen früh magst du dich auf den Weg machen." Torjan willigte schließlich ein. Ashild flüsterte ihrer Schwester zu: „Ich habe einen Plan. Wir müssen nur dafür sorgen, dass der Vater tief schläft." Kanedra sah sie aufmerksam an, sagte aber nichts. Stattdessen trat sie vor die Tür und sammelte ein paar Stücke Holz. Damit facht sie ein kleines Feuer im Ofen an und setzte etwas Wasser in einem Kessel auf. In der Zeit hatte Ashild in ihrer Kammer ein Fläschchen geholt und in ihrer Schürze versteckt. Sie warf verschiedene Kräuter in den Kessel. Als der Vater nicht hinsah, gab sie schnell einige Tropfen aus dem Fläschchen dazu. Dann füllte sie einen Becher mit der heißen Flüssigkeit. „Hier, lieber Vater, trink das. Es wärmt dich

von innen und wird dir gut tun." Der Vater schenkte ihr ein trauriges Lächeln, nahm den Becher und trank, denn er wollte sie nicht kränken. Bald darauf fiel er in einen tiefen Schlaf.
„Was hast du vor, liebe Schwester?", fragte Kanedra. Ashild antwortete: „Der Vater soll nicht gehen. Ich will mich statt seiner auf den Weg zu den Riesen machen. Jetzt, wo er schläft, kann er es nicht verhindern." „Auf keinen Fall gehst du allein, Schwester", erwiderte Kanedra entschlossen. „Ich werde dich begleiten." Die Schwestern umarmten sich und machten sich auf den Weg zu den Riesen. Der Mond stand hoch am Himmel, als sie die Hütte verließen. „Guter Mond, kannst du uns den Weg weisen?", rief Kanedra. „Welchen Weg sucht ihr?", fragte der Mond mit tiefer Stimme. Diesmal sprach Ashild: „Wir suchen den Weg zu den Riesen." „Was wollen zwei schöne Mädchen bei den Riesen?", fragte der Mond erneut. „Habt ihr nicht genug unter ihnen zu leiden?" „Unser Vater hat die schwarze Kugel gezogen. Er soll mit den Riesen sprechen. Wir wollen an seiner Stelle hingehen", erklärte Ashild eifrig und Kanedra nickte heftig mit dem Kopf. „Ja, der Vater soll nicht in Gefahr geraten." Der Mond sah beide schweigend an. Endlich sprach er: „Ihr seid mutig und habt ein gutes Herz. Fragt den Berggott, ob er euch helfen kann. Ich führe euch mit meinem Licht dorthin." „Guter Mond, wir danken dir!", riefen die beiden Mädchen aufgeregt. Der Mond warf sein Licht auf die Erde und der Pfad lag strahlend hell. Schnell liefen Kaneda und Ashild so, wie der Mond es ihnen zeigte.
Vor ihnen erhob sich ein schwarzer Felsen, unermesslich hoch, und versperrte ihnen den Weg. „Was wollt ihr hier?", grollte eine tiefe Stimme und ein paar Steine fielen krachend zu Boden. Die Mädchen zitterten und trauten sich nicht zu sprechen. „Antwortet mir!", ertönte die Stimme wieder. Kein Wort brachten die beiden über die Lippen. „Ich frage zum letzten Mal!", donnerte die Stimme. Unter Aufbietung all ihres Mutes antwortete Ashild mit bebender Stimme: „Wir suchen den Berggott." „Was wollt ihr von ihm?" „Der Mond hat uns geraten, ihn um Hilfe zu bitten", flüsterte Kanedra.
„Der Mond, soso", wiederholte der Berg. „Und wieso glaubt der Mond, dass euch der Berggott helfen würde?" „Unser Vater ist in Gefahr. Er soll zu den Riesen gehen, die uns so viel Leid zufügen, und sie bitten, unser Dorf künftig zu verschonen." Der Berg horchte auf. „Erzählt

mir alles!" Die beiden Mädchen schilderten, was die Riesen taten und welchen Schaden sie damit anrichteten. Sie beichteten auch, dass sie den Vater mit einer List daran gehindert hatten, sich auf den Weg zu machen, und dass sie stattdessen selbst gegangen waren.

Der Berg hörte schweigend zu, bis die Mädchen geendet hatten. „Der Mond hat recht getan, dass er euch zu mir geschickt hat", sprach er endlich. „Ich bin Anudar, der Berggott. Mir unterstehen alle Berge. Die lebenden, die ihr Riesen nennt, und die aus Stein. Geht nur nach Hause und seid unbesorgt. Euer Vater ist nicht mehr in Gefahr."

Überglücklich fielen sich die beiden in die Arme. „Hab tausend Dank. Wie können wir dir deine Hilfe vergelten?" „Die Götter helfen denen, die Gutes im Sinn haben", antwortete Anudar kurz, doch freundlich. Die Mädchen fassten sich bei den Händen und liefen, so schnell sie konnten, zurück nach Hause. Daheim angekommen berichteten sie dem Vater in allen Einzelheiten, was sich zugetragen hatte. Alle drei waren froh und dankbar.

Die Riesen sahen sie nie wieder. Doch seit jener Zeit stehen am Rande des Dorfes zwei schwarze Berge.

Beate Kunisch
Der Bergritt

Ja, ich weiß. Du magst mich nicht. Nicht besonders. Trotzdem möchte ich dir etwas aus meinem Leben erzählen. Dauert nicht lange, versprochen. Aber ich möchte es unbedingt loswerden, wem sollte ich es sonst erzählen?

Ein unvergessliches Erlebnis! Für mich war es das schönste, was mir bisher in meinem langen Leben widerfahren ist. Vor einiger Zeit machte ich mal wieder eine Runde durch das Kinderzimmer. Hier gibt es immer was zu entdecken. Und bis auf die Küche gibt es hier die schönsten Düfte. Finde ich. Nachdem ich ein wenig von dem leckeren Obststück, das auf dem Schreibtisch liegt, gekostet hatte, flog ich zum Papierkorb. Ah, da war wieder eine leckere, weiche, ältere Schale. Du glaubst nicht, wie köstlich eine vergammelte Schale sein kann. Braun muss sie sein, nicht mehr gelb, vielleicht noch gelb mit braunen Flecken, dann ist sie am besten. Ich naschte eine Zeit lang etwas, traf sogar einige Bekannte, und dann ging es wieder in die Höhe. Wie herrlich ist das Leben!

Ich vernahm einen feinen, fruchtigen, mir bekannten Duft. Er kam von weiter unten, aus einer Art Gehege auf dem Boden. Dort war ich noch nie. Es roch auch noch nie so köstlich, im Gegenteil, meist entstieg ihm ein merkwürdiger, fremder, stechender Geruch. Tatsächlich, in einem Gefäß auf dem Boden lagen gelbrote, fruchtige, feuchte Stückchen. Köstlich, ich setzte mich auf ein größeres Stück und fing an zu essen. Es musste eine Orange sein, ich kannte das. Ein wenig sauer und noch nicht vergoren. Aber man konnte es essen, obwohl ich mehr auf Fauliges stehe.

Die alte Schale von eben war besser. Gerade, als ich den Ort verlassen wollte, kam meine Freundin, wir hatten uns vor ein paar Minuten bereits auf einem alten Apfel getroffen.

„Hey, wie geht's?" Sie landete direkt neben mir.

„Ganz gut, und dir?"

„Ich war grad in der Küche, da wird Mangosalat gemacht. Musst du probieren. Mega!"

Ich muss dazu sagen, meine Freundin ist deutlich jünger als ich, mindestens zehn Tage. Sie begann, von der Orange zu naschen. Ich sah mich derweil um und entdeckte plötzlich ganz in der Nähe eine Art Berg. Er war ganz gleichmäßig, irgendwie gemustert und sehr beeindruckend. Aber das merkwürdige war, dass sich dieser gleichmäßig geformte Hügel auf einmal bewegte. Langsam, aber eindeutig in unsere Richtung. Er war braun, olivgrün und hatte eine eigenartige Musterung. Es wuchs auch gar nichts darauf, es war der nackte Fels. Ich hatte noch nie so etwas gesehen.
„Guck mal, der Berg da!" Ich war wie erstarrt, meine Flügel zitterten.
„Ach, das ist nicht schlimm. Gestern hat mir mein alter Freund noch gesagt, dass das normal ist. Leider ist er heute morgen gestorben, sonst hätten wir ihn fragen können, was das genau ist."
Ich blieb sitzen und starrte auf den Berg. Langsam bewegte sich dieser nach links, dann blieb er stehen, drehte sich etwas und kam dann direkt auf uns zu. Und das erstaunlich schnell. Ich erschrak und wollte mich schon davon machen, aber ich war zu neugierig, was geschehen würde. Der Berg machte vor den Orangenstücken Halt. Erst jetzt bemerkte ich, dass aus diesem Buckel fünf Teile herausragten. Und als der Hügel an dem Gefäß mit den Orangenstückchen war, schob sich ein Teil direkt unten am Bergfuß weiter heraus. Das Teil hatte Augen und öffnete sein riesiges Maul. Ich erkannte eine hellrosa Zunge. Das Bergteil fraß die Orange!
„Weißt du was? Wir fliegen einfach drauf!" Meine Freundin war schon gelandet. „Schön hier oben! Komm auch!"
Ich zögerte. Dann landete ich zaghaft neben ihr. Das war ja was! Aber ist das Leben nicht kurz? Man muss auch mal mutig sein. Wer nichts wagt, der nicht gewinnt, so hab ich mal gehört. Ich begann es zu genießen. Da saßen wir beide auf diesem gerillten, gemusterten, harten, komischen Berg, der sich plötzlich wieder in Bewegung setzte. So ritten wir eine Weile, und bald fühlte ich mich einfach nur toll und genoss diesen Bergritt. Bist du schon einmal auf einem Berg geritten? Ich kann es nur empfehlen, du wirst es nicht bereuen! Dann machte meine Freundin den Vorschlag, mit ihr in die Küche zu fliegen. Vorgeschlagen und getan! Schon der Duft war unvergleichlich! Noch nie hatte ich so etwas Delikates gerochen. Wir setzten uns beide direkt auf ein großes, leuchtendes, feuchtes Fruchtstück und fingen an zu

essen. Was sag ich, zu schlemmen. Und so probierte ich auch das erste Mal in meinem Leben Mango. Einfach köstlich! Der Mangosalat stand bestimmt schon länger da, außer uns beiden hatten es sich noch einige andere Gleichgesinnte auf den Fruchtstücken gemütlich gemacht. Dass ich das in meinem hohen Alter noch nicht kannte! So hatte ich meiner jungen Freundin gleich zwei tolle Erlebnisse zu verdanken: Auf einem Berg zu reiten und eine exotische Frucht zu probieren. Man kann was von der Jugend lernen, glaub ich. Mein Leben war auf einmal bereichert.

Ja, das war es auch schon. Mein Erlebnis. War doch nicht lang, oder? Ich muss jetzt auch mal wieder weg, in der Küche steht so eine Schüssel mit irgendetwas Leckerem. Da wollte ich schon früher von kosten, mal sehen, was das ist. Meine Freundin hat mich zwar gewarnt, aber wie war das mit dem mutig sein? – Also es riecht köstlich, es ist eine braune, bestimmt leckere Suppe oder so was, duftet einfach unwiderstehlich, da sind ja schon manche am Rand der Schüssel, ich probier mal, Hiiiilf......glck glck...glck...

Saga Grünwald
Der Weidenstrauch

Die Hänge sind gefleckt
und in die weite Weiße
blüht einsam und ganz leise
am Waldesrand versteckt
ein erster Weidenstrauch
der, wie die Herzen auch
von Raureif ist bedeckt

Martina Hörle
Ewigkeit

Weiß glitzert der Schnee
auf den Gipfeln des Berges.
Monument aus Stein.

Karla J. Butterfield

Der Wäscheberg oder Die Berge kommen und gehen

Als meine Kinder noch Säuglinge waren und ich eine waschechte Waldorfmutter, wurden sie nicht wie andere Babys in Pampers, sondern in baumwollene Kuschelwindel gewickelt. Diese durchlässigen Stoffwindeln verhinderten die Pickelbildung auf den empfindlichen Babypopos, weil sie so wunderbar luftdurchlässig waren. (Meine Überzeugung ist, dass die Stoffwindeln nicht nur Pickel, sondern auch Cellulitis im Alter verhindern.) So habe ich den Plastikhöschen den Krieg erklärt. Dies alles war wohl durchdacht, umweltfreundlich und gesund. Auf dieser Weise kam ein Berg auf mich zu - der Wäscheberg. Die Waschmaschine lief auf Hochtouren, das Wasser wurde dank unserem Verbrauch im ganzen Viertel um fünf Prozent teurer, der Strom ebenfalls. Geschweige von den kilometerlangen Wäscheleinen, die sich durch unsere Wohnung zogen. Die Luftfeuchtigkeit stieg, was unseren Atemwegen zugutekam, aber nicht den Wänden unseres Wohnzimmers. Als die Kinder laufen lernten und ihnen die Höschen mit den vollgesogenen Stoffwindeln in den Kniekehlen hingen, habe ich meine Überzeugung in den Müll geschmissen und siehe da, der Wäscheberg zog sich dezent zurück.

Andreas Erdmann
Betonblumen

1.
Die Stadt ist ein Wald
aus Beton.
Kein Ort zum Leben.
Kein Ort zum Sterben.
Der Himmel darüber
voll Würmer.
Die Engel
gestürzt...

Aber manchmal, des Nachts, wenn wir schlafen, spüren wir in unsern Träumen, dass es noch etwas anderes gibt, als den täglichen Krieg um das Geld.
Wir erwachen in Trümmern... Werden geweckt von dem dröhnenden Zug: Morgen für Morgen um 4 Uhr 50 verlässt die erste S-Bahn des Tages den Bahnhof und schießt dann auf kreischenden Schienen dicht an den zersprungenen Kellerfenstern des Abbruchhauses vorbei, hinter denen wir eine Herberge fanden. - Wir, das sind Mr. Dee Jay (15), Rose (13), Bommel (9) und ich, Jack the Rapper (14). Wohlgemerkt, dies sind nicht unsre richtigen Namen - wir gaben sie uns zum Schutz vor den städtischen Kinderfängern.
„Magst n' Tee?" hat mich Dee Jay gefragt. Er hockt neben Rose, im flackernden Licht der Adventskerze, auf unserem Sofa aus Ziegelsteinen. Vor ihnen, über dem Gaskocher, steigt heißer Dampf aus der Blechbüchse.
„Njaa...", sage ich und lese mich aus dem Wust alter Decken und Pappkartons. Bommel kommt eben vom Pissen herein: „Morgen, Kids!"
Kurz darauf sitzen wir zu viert um den Kocher und reden nur wenig. Es ist verfickt kalt an diesem frühen Dezembermorgen: Jedes Wort, das du aussprichst, gefriert in der Luft.

2.
Wenn Dee Jay und ich, gegen halb 7, das Haus verlassen, gehen wir vorsichtig vor: Einer steht Schmiere, lugt durch den Bauzaun, und wenn die Luft rein ist, schiebt dann der zweite das Brett für den Durchschlupf beiseite. – Einmal draußen, befindest du dich mit einem Mal in der anderen Welt. Hier reihen sich Geschäft an Geschäft: Fastfood- Filialen im Vorweihnachtsflimmer, Versicherungsagenturen und Banken neben den grell geschmückten Einkaufspalästen der großen Konzerne. Hier darfst du nicht rumsteh'n, nicht rumsitzen, geschweige denn jemanden um nen Euro ansprechen. Hier darfst du nur kaufen, kaufen…
In Baggypants, die Sneakers im pulvrigen Schnee, ziehen wir durch die Einkaufspassage zum Bahnhofsvorplatz. Hier gibt es überall Augen, die dich auf Schritt und Tritt überwachen. Dee Jay reißt sich auf einmal die Schirmmütze runter, reckt sich zu einer der Kameras auf, streckt die Zunge raus, zeigt den Stinkefinger.
„Ey, biste verrückt!?" fahr ich ihn an.
„Verrückt…"
„O sorry! Ich weiß schon." Ich darf dieses Wort nicht vor ihm aussprechen, da es ihn an seinen Vater erinnert. Weil der etwas anders als andere dachte, halten sie ihn seit über zehn Jahren, zugedröhnt mit Psychopharmaka, weggesperrt in der Anstalt.
„Schon gut, Jack!", meint Dee Jay, „bin ja nicht so wie mein Alter."
Unauffällig nehmen wir Abschied: „Bye!" – „Bye!"

Dee Jay trottet rechtsum in die Hauptverkehrsstrasse, zum ‚Gluck' - dem Café für junge Obdachlose, in dem er jobbt.
Ich bieg in die Strasse zur Linken. Nach 200 Metern geht's nochmals nach links in die Einfahrt und dann zu der Treppe, die mich steil hinab in die Katakomben von MR. WONDERLAND führt.
Seit Paarwochen schufte ich dort auf dem Lager, für 2 Euro 37 die Stunde: Ramsch sortieren, Paletten entladen, Kisten kreuz und quer durch die Hallen schleppen... – Ich poche ans Tor. Heut öffnet sich mir nur das kleine Fenster: Suleyman spinxt durchs Gitter und meint: „Kannst gleich wieder geh'n."
„Hä, wieso!?"

„Hat der Möllmann gesagt. Der wurde gefickt von der Aufsichtsbehörde."
„Ey, warte!" ruf ich, als vor mir das Fenster zuschnappt. „Ich krieg noch für drei Tage Kohle!"
„Kannste vergessen!" hör ich durch den Spalt. „Hast nie hier gearbeitet!"
„Waa!? Is der Möllmann denn gaga?"
„Beschwer dich persönlich bei MR. WONDERLAND!"
„Den gibt's doch gar nicht…"
„Ha, und ob es den gibt!" lacht Suleyman hinter der Scheibe, „MR. WONDERLAND ist Milliardär und sonnt sich am Pool irgendwo auf Hawaii oder auf den Bahamas."

3.
„Du? Rausgeflogen?" meint Rose, die ich, mit Tüten beladen, beim Pfandflaschensammeln vorm CENTRO antreffe.
„Yo, Kacke, wa!?", erwidere ich und schaue mich um: „E, Blümchen, wo ist'n dein Bruder?"
„Selber Blume! Ich weiß nich… Der Bommel hat rumgeflennt wie n' Baby und ist dann ab in das Einkaufszentrum."
„Biste bescheuert!? Wie kannste den alleine da rein rennen lassen? Wenn der da Scheiß baut…"
„Wo willst'n hin, Rapper?" ruft Rose mir nach, als ich schon zur Tür steppe.
„Na, unser Baby rausholen!"

„Jingle bells, jingel bells", tönt es vom Band. Ein fliegender Schlitten mit goldnen Geschenken. Riesenkugeln in Neon. Engel aus Pappe. Die große Weihnachts- Verarsche. Der Reichtum befeiert sich selbst.
Ich düse im gläsernen Aufzug nach oben bis unter die Kuppel. Hänge mich ans Geländer und spähe hinab in den künstlichen Park. Nach ner Weile entdecke ich Bommel am Wasserfall unter den mit Lametta behangenen Plastikpalmen.
Ich stell ihn zur Rede: „Was rennst'n weg, Alter?"
„Kalt war mir, kalt."
„Und was haste da in der Hand?"
„Öh, n' Nikolaus…"

„Aus Schokolade - gemopst!?"
Er sieht zu Boden und nickt. „Hab so'n Hunger…"
„Du spinnst wohl! Menschenskind, hier sind überall Spitzel und Kameras!"
„Is mir egal, wenn sie mich kriegen", gibt der Knirps trotzig zurück. „Dann komm ich eben zu Oma."
„Zu Oma, von wegen! Die steckt dich sofort zurück in das Heim. Dort sperrt man dich ein, weil du ausgebüxt bist. Deine Schwester wirst du nie mehr wieder seh'n. Und das Schwein von Erzieher wird dich auch wieder anpacken."
„Nein, nein, das will nich!" schreit Bommel auf.
„Psst!" mache ich, schau mich um, „nich so laut." Ich setze mich kurz mit ihm vor die Kunstschneekulisse: „Keine Angst, das wird nich passier'n. Davor bewahr'n wir dich ja: Rose, Dee Jay und ich, wir sind deine Family, hörst du? Wir haben dich lieb."

4.
Bommel und ich kehren zurück auf den Platz, da sehen wir Rose umzingelt von drei bulligen Schlägertypen im grauen Anzug: Die CENTRO- Privatpolizei. „Bleib bloß hier steh'n, Alter!" sag ich zu Bommel und rücke ihn an die Schaufensterscheibe. Dann lauf ich hinüber zu Rose: „Eee, Blümchen, was is!?"
„Selber Blume!"
„Wir haben der jungen Dame erklärt", erzählt mir einer der Kerle, „sie soll vor dem Zentrum das Sammeln von Müll unterlassen."
„Der Eigentümer hat's untersagt", meint ein zweiter. „Falls wir sie noch mal dabei erwischen, gibt es ein Haus- und Platzverbot. Haste kapiert, Mädel!?"
„Klaro", sagt Rose.
Daraufhin nehmen sie ihr die Tüten mit den gesammelten Pfandflaschen ab. „Dein Taschengeld kannste woanders aufbessern", bekommt sie zu hören - und plötzlich die Frage: „Wie alt bist du eigentlich?"
„Siebzehn!" lügt Rose dem Typ ins Gesicht.

Bommel weint dicke Kullertränen. Rose will mit ihm zum Haus gehen. „Dee Jay sagte", geb ich zu bedenken, „wir soll'n uns tagsüber bes-

ser nicht dort aufhalten."
„A… aber", schluchzt Bommel, „es ist so kalt draußen!"
„Jack, pass auf!" schlägt Rose vor, „wir schleichen uns von den Geleisen her ran und schieben uns leise durchs Kellerfenster."
„Okay, okay", erwidere ich, „doch lasst euch bloß nich erwischen!"
„Und was machst du?"
„Ich organisier etwas Kohle mit Rap und bring euch später zu essen."

5.
Das Organisieren erweist sich im Winter als schwierig. Im Herbst noch hab ich als Jack the Rapper vor den Touristen Hip Hop gesungen, gedanced, mir die Knochen verbogen. In der Kälte jedoch bleibt keiner stehen; alle rennen herum, und wenn du einen anschnorrst, starrt dich ein Gesicht an, eisiger, frostiger noch als das Wetter: „Geh doch arbeiten!" kriegst du gesagt. „Euch geht's zu gut", oder Sprüche wie: „Ihr gehört alle ins Arbeitslager."

Ich komme zum Baumarktparkplatz, halte Ausschau nach Leuten mit Einkaufswagen und Autos. Manchmal, wenn du jemanden freundlich fragst: „Dürfte ich Ihnen beim Ausladen helfen?" überlassen sie dir danach den leeren Karren, und du darfst den Euro Pfandgeld behalten. Heute jedoch hab ich Pech: N' greiser Rentner schießt auf mich zu, scheißt mich an: „Verpiss dich! Is mein Job!"

6.
Nach längerer Zeit mal wieder im Ghetto. Der Müll von den Vorgärten schiebt sich bis an den Straßenrand: Der Blockwart hält die Müllcontainer noch immer mit Ketten verschlossen. Die Nr. 187 ist ohne Haustür. Im Treppenhaus stinkt es, vom Keller herauf, nach Kot und Urin.
„Ach, nee, sieh an!" Mutter, das schreiende Baby im Arm; die kleine Frida hängt ihr am Bein.
„Wer is'n da?" ruft ein fremder Mann aus dem Wohnzimmer.
„Der Gangsta!" tönt sie - und dann zu mir: „Willst'n hier?!"
„Brauch bisschen Kohle."
„Oho!" macht sie, dreht sich zur Ablage, langt nach dem Portemonnaie. „Weißt ja, von mir kriegste immer das Letzte!" Sie fingert ein 10

Cent- Stück hervor, drückt es mir in die Hand: „Da! Das ist das Letzte! Mehr haben wir nicht. Weißt ganz genau, wie sehr hier hungern unterm Hartz 4!"
„Yo, bloß ich dachte…"
„Du dachtest!? Dass du dich nicht schämst!"
„Na, dann geh ich mal wieder…"
„Übrigens", ruft sie mir, auf halber Treppe, nach, „der Lommel vom Amt war hier. Soll dir ausrichten, der hätt n' Platz für dich in ner Jugendwohngruppe. Sollst dich rasch bei ihm melden!"
„Bestell dem Lommel", geb ich zurück, „ich lass mich nicht mehr zu irgendwelchen Kaputtniks kroppen. Und überhaupt, ich hab inzwischen ne eigne Familie!"

7.
Ich betrete das Café ‚Gluck', checke den Laden, schnack übern Tresen: „Ist Dee Jay zu sprechen?"
„Nö", ruft es aus der Küche zurück, „seit Montag nich mehr. Da wurd er gefeuert. Der meinte, er könnte hier dealen."
„Dealen - so'n Kwatsch!"
„Tu doch nicht so!" Hermes, der dicke Sozialpädagoge, steckt seinen Kopf zur Küchentür raus und bollert mich an: „Bist doch auch einer von diesen Kiffern. Mach bloß die Schelle!", er zeigt mir sein Handy, „sonst ruf ich sofort die Buletten!"

8.
So'n Trouble! Und das Paartage vor Weihnachten… Wenigstens konnt ich noch Kröten für'n großes Graubrot und ne Dose Sardinen zusammenschnorren – und Weihnachtsplätzchen für Bommel und fünf Zigaretten. – Ich, auf dem Heimweg, komm in die Straße am Bahndamm. Da treffe ich plötzlich auf Dee Jay, der sich an der Ecke rumdruckst: „Kacke, verfickt! Kuck dir das an, Rapper!"
„Was'n?" Ich blicke zum Haus… Seh eine breite Lücke im Bauzaun. Rechts davor steht ein Mannschaftswagen der Polizei, und vom Grundstück her hört man kläffende Hunde. – Scheinwerferlicht! Dann sehen wir Bommel! Er wird abgeführt wie ein Verbrecher: Zwei Männer in Grün haben ihn unter den Armen gepackt, schleifen durch den Schneematsch zum Auto. „Rose! Rose!" schreit unser Baby -

von seiner Schwester sieht man keine Spur.
„Fuck it! Jetzt muss er zurück ins Scheißheim!"
„Vielleicht packt er aus…"
„Bommel doch nicht! Hat viel zu viel Angst. Und wenn er auspackt, wer glaubt ihm denn schon? Das Schwein, das sich an ihm vergangen hat, ist doch der Heimleiter!"

9.
Wir schauen hinaus in eine klirrende, sternklare Nacht. „Weißt du", sagt Dee Jay, „wenn ich all die Lichter am Himmel seh, wird mir klar, zu welchem Land ich gehör."
„Du meinst, nicht zum diesem…?"
„No, no, zu keinem Land dieser Erde. Dieser Planet dreht sich scheinbar ums Geld. Und die Menschen vergessen: Das Geld frisst die Kinder. Das schert sich nicht um Menschenrechte."
„To have or not to have, that's the question", sage ich noch, und wir hüllen uns wieder in Schweigen.

Später, nach einer Stunde, scheinen die himmlischen Lichter erloschen. Über der Stadt ist ein dichtes Gewölk aufgezogen. Bald schweben vereinzelte Flocken hernieder. „Du, Dee Jay", frag ich in die eisige Kälte hinein, „lebste noch, oder biste schon tot?"
Er antwortet nicht. Ich dreh ihm den Kopf zu: „Sag doch was! Spürste noch Leben in dir?"
„Nein, bin längst erfroren", gibt er mit zitternder Stimme zurück.
„Na, immerhin kannste noch sprechen."
„Wer sagt denn, dass Tote nicht sprechen?"
„He, du machst mir Angst", erwidere ich, heb den Blick. „Es gibt Schnee. Komm, lass uns geh'n!"
„Geh'n? Wohin denn?"
„Unters Bahnhofsvordach."
„Nee, da geistert der Streifenwagen herum. Die lesen die Obdachlosen zusammen und karren sie raus vor die Stadt."
„Dann lass uns nur auf- und abgeh'n", rate ich, greife zur Seite und ziehe mich am vergitterten Kaufhaustor hoch. Schwankend komm ich auf die Beine, beug mich zu Dee Jay und reich ihm die Hand: „Komm, Alter, steh auf!"

Er schlägt nicht ein. „Kann mich nich bewegen."
Ich pack ihn am Arm.
„Rapper, lass sein! Hab dir doch gesagt, ich bin längst erfroren. Ich spür gar nix mehr, hab keinen Kopf, keinen Bauch mehr und weder Beine noch Arme."
„O bullshit!"
„Hab's dir gesagt!"
„D… du, ich… ich geh und hol Hilfe!"
„Wen willst'n holen? In so ner Nacht jagt man keinen Hund auf die Straße."

10.
Aus der Einkaufspassage schlägt mir ein beißender Wind ins Gesicht, schlägt durch die Klamotten und macht mich frösteln bis auf die Knochen. „Hee, hallo, ist da wer?!" krächze ich zu einem einsam erleuchteten Fenster hinauf.
„Ruhe da unten, du Wichser!!"
Ich rutsche, ich stürze – richte mich wieder auf und schiebe mich schlidderd weiter voran auf dem Eis. Kurz drauf erspähe ich vor der Deutschen Bank, unterm Säulenportal auf der Treppe, einen menschlichen Schatten. Ja, jemand sitzt dort, zusammengekauert: „Hallo, können Sie helfen!?" kreischze ich, trete näher heran – und bin überrascht: „Yeah, du bist es, Rose!"
Sie sitzt da im Schnee, die Beine dicht an sich gezogen, starrt vor sich hin.
„Blümchen, hör zu! Wir müssen Dee Jay zum Krankenhaus bringen!"
Sie antwortet nicht. Ich stupse sie an – und mit einem Mal kippt das Mädchen zur Seite, knallt mit dem Kopf auf die Stufe, bleibt regungslos liegen.
„Rose! Rose!" Ich neige mich zu ihr, schaue sie an – und sehe dem Tod ins Gesicht.

Die Tränen gefrieren mir auf den Wangen und hängen wie Perlen an meinen Wimpern, während ich mich durch das Flockengestöber zurück zum Kaufhaus vorkämpfe. Ich schreie zum Tor: „Rose ist tot! Tot ist sie! Tot!" Davor, halb verdeckt in der Schneewehe, liegt Dee Jay's Cap – und er ist verschwunden.

11.
Am Tag vor Heiligabend ist in der Zeitung von Rose zu lesen: KIND EINES BÄNKERS ERFROREN IM SCHNEE!
Was aus Bommel geworden ist, weiß ich nicht.
Von Dee Jay erzählt mir sein Streetworker, eine Streife habe ihn, völlig verwirrt, am Tor aufgelesen. Er befinde sich nun in der Jugendpsychiatrie. Besuch empfangen könne er nicht. Er liege in Gurten und sei durch Medikamente sediert.

Und ich, Jack the Rapper? Ich gebe nicht auf! Trotz allem… in mir steckt noch Hoffnung. Fest entschlossen, die Stadt zu verlassen, steh ich hier an der Auffahrt zur Autobahn. Ich steh nicht mal lange, da hält ein riesiger, schneeweißer Wagen. Vor mir fährt jetzt das Fenster herunter, und jemand in einem leuchtend hellen Gewand, ja ein Wesen wie von einem andern Planeten, nickt mir freundlich zu, strahlt mich an: „Worauf wartest du noch? Komm, mein Junge, steig ein!"
„Yo, gern." Ich nehme Platz, sitze Schulter an Schulter neben der schönen Erscheinung mit ihrem wallenden, lockigen Haar.
„Und wohin möchtest du?" fragt mich der Engel.
Ich sage nur: „Heim."

Kay Ganahl

Die Schuldnerin zu Füßen des Berges

An einem Frühlingstag im Mai. Die Düfte der Pflanzen luden zum Spazierengehen und gelegentlichen Verweilen an idyllischen Orten ein: Auf manchen Bänken oder Stühlen saßen Verliebte; verliebt auch in die Schönheit der Natur.
In den Citystraßen herrschte Hektik vor.
Scheck, die brünette Smarte, war unterwegs. Sie trug einen Aktenkoffer bei sich, blickte sich um: Lange Schlangen von Autos, viele Baustellen, halbfertige Türme und eilige Passanten. Außer Scheck fanden dies sicher noch viele andere Menschen unangenehm und uninteressant.
Der Blick auf einen in direkter Stadtnähe gelegenen bekannten Berg hingegen war immerhin für so einige Menschen von Interesse. Er trug keinen Namen. Für ausländische Touristen war er eine der großen Attraktionen der Stadt. Sie stiegen gern bis zur Gipfelhöhe hinauf. Die in der Stadt heimische Scheck meinte meist, diesen Berg ignorieren zu müssen.
Heute sehr eilig unterwegs, hatte sie für die Schönheiten ihrer Umgebung eh kein Auge; empfand so gar nichts Gutes ... Eine ganz große Eile drückte ihre Stimmung nieder. Die Probleme, die sie hatte, trieben sie an. Mithin war es angebracht, schon aus Gründen der Ratio Ziel für Ziel anzusteuern und schnellstmöglich zu erreichen. Für sie war das ein besonderer Arbeitstag! „Shit, ... keine Möglichkeit, einmal zu pausieren!" entfuhr ihr. Ihr Begleiter, der Assistent Roger nickte zustimmend. Er trug in seinem roten Rucksack die Waffen mit sich, die heute erforderlich schienen. Todbringende. Reinigende. So dachte er. Und Scheck war ganz seiner Meinung!
Er sprach, als sie erschöpft kurz stehen blieben: „Ich werde es vollbringen, Scheck! Ich!" Seine Chefin stimmte mit einem Nicken zu. Sie war damenhaft, ehrgeizig und immer vorneweg. Froh, einen Mitarbeiter wie Roger zu haben!

„Das packen wir, gemeinsam!" erwiderte sie dann.
Roger: „Ihr Lebensziel, liebe Chefin, ist das Glück im Geschäftsleben. Es wird von keinem vermiest werden!"

Am ultramodernen Rathaus der Stadt mit großen Glasfassaden – in der nahen Ferne, fernen Nähe der Berg - verweilten sie etwas länger. Dieser namenlose Berg wurde schnell der Fixpunkt ihrer Aufmerksamkeit. Er thronte magisch anziehend vor ihren Augen - - - Sie wollten zu ihm hin. Bis zu ihm war es so weit ja auch nicht mehr … Vom Rathaus aus gelangte man über die viel befahrene Reform-Allee direkt bis vor den Berg.
Doch zunächst setzten sie sich auf Stufen des Rathausportals und ruhten sich etwa eine halbe Stunde lang aus. Dort lag dieser Berg, aber nahebei auch diese City mit ihrer hässlichen Lebendigkeit.

Eher mit Gleichmut betrachteten sie das, was sie als „Leben der City" mit ihren Sinnen erfassen konnten. Es fand in Richtung Süden auf zwei breiten Hauptverkehrsstraßen statt.
„That's life!" rief Scheck aus. Assi Roger, auf einem Auge blind und etwas humpelnd, rubbelte ihren Rücken. Gern hätte er ihr einen Vortrag über die „Möglichkeit von Pressionen gegen Gläubiger" gehalten. Er hatte eine Neigung, immer einen Vortrag zu halten. Dabei war er als Buchhalter und Pistolenschütze viel besser. Sein Boss Scheck war eine ausgebildete Industriekauffrau und Schuldnerin von Millionen, daher momentan ruhebedürftig, was sich allerdings von einer Sekunde auf die andere ändern konnte.
Auf einmal sprang Scheck auf und rannte über den Asphalt der Reform-Allee, der erst vor Tagen von einem Bautrupp hergestellt worden war. In Richtung Berg! Roger starrte ihr hinterher. Sie hatte in der Jugend ein paar Preise in der Leichtathletik der Amateure gewonnen. Einige Passanten nahmen erstaunt Notiz von Scheck. Einer Mutter entglitt der Griff des Kinderwagens während des Anschiebens. Zwei Ball spielende Jungen bellten Scheck hämisch nach.

Einst hatte Scheck den hohen Berg des Erfolgs besteigen wollen. Ihr war klar gewesen, dass es ein schwieriger Anstieg werden würde. Ein paar Jahre des Wirtschaftens vergingen. Der Wettbewerb war

ruinös. Das Geld, was sie zu bekommen hatte, war oftmals einfach nicht eingetroffen. Heute: Leeres Girokonto, bis weit ins Minus. Es lag auch an der Zahlungsmoral der Kunden. Sie erwirtschaftete einen Berg von Schulden! Und die Gläubiger waren ihr auf den Fersen, Flucht war unmöglich. Inzwischen hatte sie der Belegschaft ihres Unternehmens bis auf Roger gekündigt. Der Showdown stand bevor, weshalb sie in diesen Augenblicken in der Reform-Allee rannte und rannte und rannte. Es war schon eine Art Ersatzflucht.
„Bleiben Sie doch bitte stehen, Chefin!" rief Roger ihr nach, aber sie rannte weiter. Wahrscheinlich hatte sie vor, bis hoch zum Berggipfel zu hetzen. Aber warum? Um sich abzureagieren? Etwas geschah ---

Nach Tagen der Ungewissheit über ihren Verbleib und mehreren privaten Suchaktionen, wurde Scheck von Roger tot aufgefunden, der in Tränen ausbrach, als er ihrer ansichtig wurde; sie lag der Länge nach ausgestreckt blutig und verdreckt auf einem felsigen Abhang, über den der am leichtesten begehbare Pfad in Richtung Gipfel führte.

Im Kommissariat.
„Sie wurde ermordet!" sagte der ermittelnde Kriminalkommissar zu Roger, der zuletzt noch einmal allein tagelang nach seiner Chefin gesucht hatte, wogegen die polizeiliche Behörde sich bemüßigt gefühlt hatte, nur das dienstlich Nötigste zu tun. „Diese Person ist erwachsen und vorerst müssen wir abwarten!" hatte Roger von der Polizeibehörde hören müssen.
Der Kommissar lächelte süffisant und wippte auf seinem Stuhl, dann blickte er Roger kritisch in die Augen. Dieser meinte nur: „Jetzt braucht es einen klugen Kopf, der den Mörder findet!"
Roger war wütend in seiner Trauer, seine wirtschaftliche Zukunft ungewiss. Er wollte, dass die Polizeibehörde effizient vorgeht. Die Geschichte seiner Chefin kannte er recht genau. Engagiert wollte er dem Kommissar alles vortragen, was er wusste, doch dieser guckte in dieser trüben Nachmittagsstunde schließlich eher gelangweilt als interessiert auf ein Blatt Papier. Der Monitor des PC stand mit laufendem Bildschirmschoner in der Ecke des Schreibtisches. Eine junge Kollegin kam zur Tür hinein, um dem Kommissar ein weiteres Blatt Papier auf den Tisch zu legen. Dieser blickte kurz auf.

Berge bewegten sich für Scheck! Es sollte geschäftlich bis zur Gipfelhöhe aufwärts gehen. Dann jedoch wuchs nur so ein Berg mit finanziellen Schulden an.
Zuletzt könnte sie zu Berges Füßen Opfer eines wutentbrannten Gläubigers geworden sein.

Saga Grünwald

Spiel

Wo Taranis mit Llyr spielt, bricht Gestein, spalten sich Felsen,
werden Kiesel zu Sand zermahlen.

Brausender Sturmwind
singt zum Rauschen der Wogen
Klippen stehen still

Martine Hörle
Die Elemente der Welt

Seit uralter Zeit stand er da. Ein Berg, so riesig, wie es nie zuvor einen gegeben hat und auch niemals wieder einen geben wird. Stand da in seiner steinernen Substanz, regungslos, aber nicht leblos. Doch davon wusste zu dem Zeitpunkt niemand.
So ragte er empor, trotzte den Stürmen und anderen Naturgewalten. Ab und zu rollten ein paar Gesteinsbrocken, die sich gelöst hatten, den Berg hinunter. Traurig schaute er ihnen hinterher: „So ist das eben, wenn die Kinder aus dem Haus gehen." Er sprach sehr wenig, und wenn, dann mit sich selbst. Mit wem hätte er auch reden sollen? Der Wind hörte ihm nicht zu. Er war damit beschäftigt, Blätter, Zweige und Vögel durch die Luft zu wirbeln. Die Vögel konnten ihm nicht zuhören. Sie mussten sich gegen den Wind wehren und Nester bauen. Die Sonne dagegen hatte viel Zeit. Doch ihre meist hitzigen Argumente prallten an dem Berg einfach ab, was sie noch mehr in Rage brachte. Wenn sie unterging, überschüttete sie den Berg meist mit roter Farbe, um doch das letzte Wort zu haben. Der Mond stand still und schweigend am Himmel. Introvertiert, wie er war, legte er keinen Wert auf Berggespräche. Die Sterne waren klein und quirlig und machten den Berg nervös.
Er stand da in seiner Einsamkeit, stellte philosophische Betrachtungen an und kam zu dem Schluss, dass er nur mit sich selbst reden konnte oder schweigen musste.
Alle paar Jahre erschien ein Mensch, manchmal waren es auch zwei. Die wollten auf den Berg klettern. Sie wirkten entschlossen und hatten viele Sachen mitgebracht. Das mochte der Berg gar nicht. „Wie würdet ihr euch fühlen, wenn ich Eisen in euch schlagen würde?", dachte er missmutig. „Dann tretet ihr auch noch mit den Nägeln unter euren Schuhen auf mir herum." Das tat ihm zwar nicht weh, dafür war seine Oberfläche zu hart, aber es ärgerte ihn. Er suchte in seinem Inneren nach den härtesten Felsbrocken und schob sie auf seine Außenseite. Diese Wesen sollten es möglichst schwer haben.

Ohnehin verstand er sie nicht. Mit viel Anstrengung und Mühe hinaufklettern, eine Fahne aufstellen und dann kletterten sie wieder herunter. Dem Berg war das ein Rätsel. Nur im Winter, wenn sich Schneemassen hoch über ihm auftürmten, ließen ihn die Menschen in Ruhe.

Viel mehr aber beschäftigte ihn, was sich in seinem Inneren abspielte. Die Olaxe, kleine, quirlige Wesen, die fast so alt waren wie der Berg selbst, rannten unermüdlich hin und her. Im Laufe der Zeit hatten sie viele Gänge gebaut. Wie ein Schienennetz verzweigten die Wege und mündeten oft in einer Höhle, in der Steine meterhoch aufeinandergetürmt waren. Die schwankten und fielen um. Murrend begannen die Olaxe, sie wieder aufzustellen. Das taten sie in einem fort.

Doch im Inneren lebten noch andere Geschöpfe, drei absonderliche Gestalten. Die eine war ganz in braune Kleidung gehüllt. Drei Füße steckten in riesengroßen Schuhen aus Erde. An manchen Stellen wuchs Moos. Die zweite ähnelte einem Fisch auf Beinen. Schuppen bedeckten den Körper und auf dem Kopf prangte als Hut eine Scholle. Statt Armen wehten zahlreiche Flossen wie Schleier. Das dritte Wesen sah aus wie eine Wolke aus vielen winzigen Federn. Es bewegte sich wie eine Raupe vorwärts, Beine hatte es nicht.

Die drei hatten auf Felsblöcken Platz genommen und schwiegen. Jahr für Jahr saßen sie da. Währenddessen lief außerhalb des Berges das Leben weiter. Die Menschen bauten große Fabriken, in denen viele von ihnen arbeiteten. Es wurde geschmiedet, galvanisiert, gelötet, lackiert. Andere arbeiteten an Motoren, die Unmengen Öl brauchten. Bei der vielen Arbeit entstand jede Menge Abfall und Schmutz. Da sie nicht wussten, wohin damit, vergruben die Menschen den Abfall in der Erde. Bagger hoben tiefe Gruben aus und schaufelten sie mit Müll wieder zu. Lacke, Öle, Schwermetalle arbeiteten in der Erde weiter. Sie verteilten großzügig ihre schädlichen Substanzen und die kleinen Lebewesen um sie herum starben. Bäume wurden braun, Blumen verwelkten. Vögel hungerten, weil sie keine Nahrung mehr fanden.

Da erhob sich Unbal, die Erdgestalt, von ihrem Felsblock und stampfte mit einem ihrer Füße fest auf den Boden. Auf den Feldern flog die Saat aus dem Boden. Die Bauern waren verblüfft. So was hatten sie noch nie erlebt. Sie wollten erneut mit dem Säen beginnen. Doch es

war zwecklos. Sobald die Samenkörner in die Erde gesetzt wurden, flogen sie wieder heraus. Es dauerte nicht lange, da gab es kein Getreide mehr und damit auch kein Brot. Unbal stampfte mit dem zweiten Fuß auf. Rüben, Kartoffeln, Salat wurden nicht mehr reif. Sie waren weich und ungenießbar. Als Unbal zum dritten Mal aufstampfte, fiel alles Obst von den Bäumen, faulig und matschig.
Die Menschen litten Hunger. Sie hatten wohl gemerkt, dass die Erde krank wurde. Doch dass sie das selbst verschuldet hatten, erkannten sie bisher noch nicht und luden deshalb weiterhin schädliche Stoffe in der Natur ab. Abwasser, mit Öl und Chemikalien verseucht, wurde in die Kanalisation gespült oder gleich in die Flüsse geleitet.
Jetzt richtete sich Glinter, die Gestalt des Wassers, auf. Sie ließ ihre Schleier wild wehen. Sofort stiegen die Wasser über die Ufer und überschwemmten jeden Acker. Das Wasser lief in die Häuser und durchnässte alle Böden und Teppiche. Die Straßen waren überflutet und nur mit Mühe passierbar. Dann hörten die Schleier auf zu wehen. Die Menschen begannen, mit Eimern das Wasser aus den Häusern zu schöpfen und die Böden zu trocknen. Die Sonne half dabei. Was den Menschen zunächst als Hilfe erschienen war, verwandelte sich alsbald ins Gegenteil. Alles, was verdunstete, blieb fort. Die Wasser hörten auf zu fließen und trockneten aus.
Der Durst war ständiger Begleiter. Viele wurden krank, doch nirgendwo ein Tropfen Wasser. Der Müll in der Erde und die Chemikalien aus den getrockneten Flüssen begannen zu brodeln und zu gären. Ein entsetzlicher Gestank verbreitete sich überall. Holig streckte sich und glättete ihre Federn. Aus der luftig-leichten Wolke wurde eine flache Scheibe. Die Luft blieb stehen. Kein Hauch erzeugte Kühlung, kein Wind wehte die furchtbaren Ausdünstungen fort.
Endlich erkannten die Menschen, in welche Gefahr sie sich und die Erde gebracht hatten. Fieberhaft beratschlagten sie, was sie tun könnten, und entwickelten dabei eine Vielzahl an Möglichkeiten. Wenn auch nicht alles sofort umsetzbar war, sollte es wenigstens so schnell wie möglich geschehen.

Durch die intensiven Bemühungen der Menschen, die Folgen ihres Tuns wieder in Ordnung zu bringen, wurden die Elemente der Welt milde gestimmt. Unbal, Glinter und Holig nahmen die Strafen wieder zurück. Langsam kehrte Besserung ein. Erde, Wasser und Luft gesundeten und mit ihnen auch die Menschen.

Inmitten des Berges stapeln die Olaxe noch immer ihre Steine. Und drei Geschöpfe sitzen auf Felsblöcken und schweigen.

Beate Kunisch

Unser Berg

Weißt du noch? Damals, als wir vor diesem riesigen Berg standen, und es plötzlich anfing zu regnen. Du warst verlegen, hast in deiner Hosentasche rumgefuchtelt, ein kleines Päckchen rausgeholt und mich gefragt, ob ich deine Frau werden will.
Ich habe gelacht, dich umarmt und mir sind die Tränen gekommen. Vielleicht haben die Regentropfen sie gelockt. Wir haben gelacht, die ganze Zeit. Ich glaube, der Berg hat auch gelacht. Durch seine Freudentränen wurden wir so was von nass. Völlig durchnässt sind wir wieder in unser Hotelzimmer, drei Sterne, und haben uns erst einmal gegenseitig abgetrocknet. In dem Päckchen war ein wunderschöner, silberner Ring. Für Gold reichte dein Geld, das du als Student in der Kneipe verdient hast, nicht aus. Siehst du, ich trage den Ring immer noch. Aber am kleinen Finger, er passt sonst nicht mehr. Ein Jahr später haben wir geheiratet. Dann kamen die Kinder, was für tolle, aufregende Jahre!
Wohin geht dein Inneres, was sieht dein Auge?
Schau mal, wir sind wieder hier! Wir sind wieder vor diesem riesigen Berg, wie damals. Und gleich gehen wir zum Griechen. Ja, ich habe einen Tisch reserviert. Du warst immer so gerne dort. Komm, wir gehen.
„Lassen Sie mich los!" Böse fuchtelst du mit deinen Armen.
Ich seufze. Als wir in dem griechischen Restaurant Platz nehmen, ist tatsächlich der Kellner von früher da. Aber er bedient nicht, er sitzt an der Theke und trinkt sich ein Bier. Alt ist er geworden. Wundert das? Ja und nein. Als er uns sieht, kommt er auf uns zu.
„Das ist ja eine Freude! Ja, die Jahre vergehen immer schneller, finden Sie nicht?" Ich lächle ihn an.
„Gut sehen Sie aus!" Er nickt und macht eine ausholende Handbewegung. Charmant wie früher.
Wir sitzen gemeinsam am Tisch und essen. Nein, du isst besser mit Messer und Gabel. Du weißt gar nicht, was du damit anfangen sollst, ich merke das. Also schneide ich dir dein Fleisch klein, lege das Messer

auf die Seite und gebe dir die Gabel. Das klappt ganz gut. Dann, nach dem Essen, kommt die Musik. Du erinnerst dich, ich merke das an deinen Augen.
Als wir das Lokal verlassen, kommen wir wieder an unserem Berg vorbei. Er sieht nicht aus, als wäre er älter geworden. Wundert das? Ja und nein.

Andreas Erdmann
Chreßdag am Fanispan

Et wor su en Weeke vör Chreßdag, äs ech met minnem Fröng Nobbes van Vientiane ut em Flieger üöwer die Berg on den Dschungel erüöwer noh Vietnam flog. En Hanoi gengen wer ronger. Äwwer van Chreßdag udder Advent wor en Vietnam wie vürher en Laos, Kambodscha on Thailand nix te merken. Do en Südostasien, wo baul all Lütt Buddhisten sind, wor röm on töm keïnen Chreßboum te senn, keïn Adventskeerze, keïnen Ruuschgouldengel, nit eïn Sternschen, gar nix. Nohdem wer Hanoi osecher mackden, en grute Stadt voller Menschegewüöhl, souhten wer Ruoh am gruten Water en der Halong-Bucht vür der chineseschen Grenze. Op kleïnen wackels Hoult-Booten, op dennen die Fährlütt met ehrer ganzer Familleg wonnden, fuhren wer töscher wall dusend Inseln her. Wie huhe, spetze Zuckerhüöte stongen die do. Die Boote schienen dertöscher - wie em Droum - em Newel te schwewen. Op mancher Insel mackden wer Rast.

Daag speder geng et iersch mem Tog, dann em Bus, em Taxi on terletzt te Fuot erop op de Flanken vam Fansipan, dem hührdsten Berg en Nordvietnam. Van Dorp te Dorp trof men op Volksstämme, die newer den eïnheïmeschen Vietnamesen emmer wier völlig angersch bierden. Su trof men op et Volk der Zao: Se druogen schwarte Hemden on Böxen, die Fraulütt Turbane, löühtend rut on riesegrut. Dann gof et die Lai Châu en konterbongkten Kleïdern, de Stoffe geel, rut, blo on brunn, ganz finn gewefft, dertuo grüön Schuohn met Bommeln. Wier woangersch leffden dat Volk der H'Mong. Se woren temlech kleïn gewahßen, druogen bongkte Kleïder, bloschwarte Hüöte rongk on huh – ähnlech wie de Huhsieden em Solig – dertuo völl Schmuck, die Frauen tellergrute Uhrrenge.

Em Dorp Sapa trofen all Völker tem Maart tesamen. Hie, en der schönster Bergkulisse, fongen der Nobbes on ech en kleïn Herberg. Van do ut klommen wer op den Gepfel vam Berg Sai Seng on wanderten rongks öm den Fansipan. Eïnes Owes, wer komen ut den Bergen eraff, fongen wer alles düster en Sapa, et gof jo keïn elektersch Leïht. Bluß wiet hengerm Maart sooch men en Löühten on Flackern.

Wat wor dat? En Für? Wer trocken üöwer die Maartplaaze. Hengen wiet stong en Hus, dat sooch angersch ut äs all die Houlthüser em Dorp. Et wor der eïnzege Bou ut Steïn. Leïht fïël ut huhen Fenstern. De Dür stong open. Wer gengen eren. Nee, dat gof et doch nit! Dat Hus, bennen ganz hell van Olegslampen, wor voll Menschen vam Volk der H'Mong, on dat woren Chresten, wie wer gewahr wuorten: Se fierden Chreßdag, denn hütt – hütt wor Chreßdag! Dat hatten der Nobbes on ech wohrlech vergeten! Me sooch keïne Chreßboum, keïne Schmock, keïn Belder, niddemols Bänke hie en der Kirke. Me stong eïfach do op dem leïhmen Borm. Hie off do soten Aulen udder kleïn Kenger op der Erd, ouch Mötter met Ditzkern. Aplatz ner Kanzel stong do nen Lautsprecher newerm Altar. Do üöwer Funk, wer weït van woher, hïël nen Paschtur en Predegt. Wer verstongen keïn Woort. Dann fengen die H'Mong aan te sengen. Se songen on songen, jo schinns ohn Eng. Wat se songen, verstongen wer nit. Dat heïscht, äwwer jo, wer verstongen et doch – ouch ohn Wöört. Ut guot hongertfoffzeg Stemmen erut klongen Hoffnengk on Freud, klongen Glöck on Gemeïnschaft, Lïëfde on Frïëden onger us Menschen. Et durden nit lang, on wir twei songen met. Et woren eïfache Silben, die emmer wïërkehrden. Öm us eröm die bongkten Kleïder, die huhen Hüöte, die gletzernden Uhrrenge on Ketten em dangßenden Leïht. Die H'Mong newer us lachden us fröngklech aan, on wir songen met, met zetternden Stemmen – on met föühten Ougen. Et wor eïnt der schönsten Chreßdahsfieren, die ech je erlefft hann.

Karla J. Butterfield
Der Berg geht

Ich sah mich um.

Ich sah die Berge in der untergehenden Sonne leuchten.

Ich sah die Vögel am Himmel ihre Runden drehen und in einem ausgedehnten Schwung in den Bäumen verschwinden.

Ich sah die Wiesen mit kleinen Hütten im Tal und die steilen Pfade, die zu den Almen führten.

Ich sah Bäche und Wasserfälle durch die Bäume glänzen, die scheuen Gämsen über die Felsen springen und die ersten Fledermäuse durch die Nacht flattern.

Ich sah einen Zug aus dem Tunnel herausfahren und am Berg geschmiegt hupend vorbeifahren.

Ich sah dich im Licht der Lampe über den Tisch gebeugt und mit der Feder über das Papier kritzeln.

Ich sah dich den Rucksack packen, den Stock und den Hut vom Haken nehmen.

Ich sah die Tür zuschlagen.

Ich sah deinen Schatten auf dem Weg immer kleiner werden.

Ich sah dich nie wieder lachen, meine Hand halten, meine Lippen küssen und meinen Körper umarmen.

Ich sah nur Abgründe und Schluchten. Steine und Schatten. Dunkle Wälder und wilde Tiere. Fallende Lawinen und tosende Winde.

Ich sah die Wolken gegeneinander krachen, die Blitze blitzen und den Donner grollen.

Dann wurde es still.

Christiane Trunk
Duell

Es war in unserem vierten Semester, wir hatten herrliche Sonnenzeiten, als Isolde und ich Julius kennen lernten. Er war knapp zehn Jahre älter als wir und von einer verblüffenden Offenheit. Ich ging gerne auf seine spontane Art ein, bei Isolde traf sie eher auf Skepsis und Zurückhaltung. Warum Julius Isolde zum Wasserpistolenduell forderte, wusste ich nicht genau. Sei es, weil sie in der Johannisnacht schon sehr früh sein gastliches Haus verließ, oder auch, weil sie seinen Bestrebungen, sich einmal länger mit ihr unterhalten zu können, nicht nachkam.

Wie es auch war, Isolde bekam ein förmliches Kartell mit der Weisung, sich am 27.6. um 20:00 Uhr am Wäldchen einzufinden. Ich bekam Kunde von dem bevorstehenden Geschehen und wollte ihm gerne beiwohnen. So wurde ich dann als Sekundant geladen; ein zweiter Sekundant war nicht vorgesehen. Streng gesehen war diese Vereinbarung regelwidrig, da ich jedoch beide Duellanten gleichermaßen in mein Herz geschlossen hatte, war Objektivität bei mir gewährleistet. Ich würde weder den einen noch den anderen Duellanten in irgendeiner Weise bevorteilen.

Gegen eine viertel Stunde vor der Zeit holte ich Isolde ab. Sie sah abenteuerlich und romantisch zugleich aus in Gummistiefeln und mit ihrer Sherlock-Holmes-Kappe auf dem Haar. Auf dem Weg zum Ort des Duells weihte sie mich in ihr Vorhaben ein, genau wie Lenskji in Eugen Onegin selbst nicht zu schießen, sondern freiwillig unter den Schüssen des Gegners zu sterben. Freilich brachte mich diese Eröffnung in einen moralischen Konflikt. War es nicht meine Pflicht, den anderen Duellanten von diesem Plan zu unterrichten? Aber schließlich war es der Wille Isoldes und der war unumstößlich.

Wir kamen wenige Minuten vor der angebenen Zeit an dem Hain an, den wir als „Wäldchen" ansahen. Das sollte sich als Irrtum herausstellen. Es hatte ein wenig geregnet, die Luft war abgekühlt, strähniggraue Wolken überzogen den Himmel. Unverständlich blieb uns das Nicht-Erscheinen von Julius. Wir hatten seinen Wagen schon bei den letzten Häusern auf dem kleinen Parkplatz gesehen. Isolde hatte den Puschkin dabei und las aus der Duell-Szene. Auch mit Kirschen essen vertrieben wir uns die Zeit. Schließlich ging ich zum Sieboldwäldchen oben am Turm und fand dort Julius, eine helle Gestalt im Dämmern des Abends, auf einer Bank sitzen. Er wollte nicht im Anblick von Bungalows sterben. Freilich, im Sieboldwäldchen war man ganz von Bäumen umgeben. Isolde fand sich auch bereit, dorthin umzuziehen.

An der Bank nahmen wir den „letzten Trunk" zu uns, ein halbes Glas Rotwein.

Julius steckte eine brennende Fackel in den Rasen zwischen den Bäumen. Dann kam mir die ehrenvolle Aufgabe zu, die zweiunddreißig Schritte abzumessen.

Es war genau der Abstand zwischen zwei Bäumen, einem kräftigen und einem schlanken. Alsdann bat ich die Duellanten zur Fackel, die in der Mitte des Abstands flackerte und verband ihnen die Augen. Ich führte zunächst Isolde an der Hand zum schmalen Baum. Julius wollte noch wissen, ob bis zum letzten Schuss gefeuert werden oder nach dem ersten Treffer Schluss gemacht werden sollte. Isolde, zuvorkommend wie immer, überließ es ihm. Bis zum letzten Schuss, war sein Urteil. Nun führte ich ihn zum anderen Baum; ließ ihn zunächst alleine laufen, als er aber von der Richtung abwich, zog ich ihn am Ärmel zurück und führte ihn eingehakt den Rest des Weges. „Wenn wir gegen Bäume rennen, musst du uns aber Bescheid sagen", meinte Julius und wir bekamen einen kleinen Lachkrampf. Daraufhin geschah es folgendermaßen:

Ich stellte mich in die Mitte und rief „Jetzt los!", das bedeutete vier Schritte vorgehen, dann nochmals fünf Schritte vorgehen und Feuer, beziehungsweise Wasser.

Es war ein bewegendes Duell und ich muss gestehen, dass ich eingriff. Isolde hielt ihre Pistole gesenkt in der Hand und wartete. Julius ging auf sie zu und schoss, wurde aber stutzig, als er überhaupt nicht beschossen wurde. Er vermeinte, in die falsche Richtung zu feuern und drehte sich suchend um die eigene Achse. Ich musste lachen, wurde darob von Isolde getadelt. Julius reagierte auf meinen Laut und zielte in meine Richtung. Ich experimentierte und wurde gewahr, dass

er auf jegliche Bewegung von mir reagierte. So entschloss ich mich zum Eingriff, ging im Bogen um ihn herum, auf Isolde zu und dann hinter sie. Wie vermutet, fand Julius nun die richtige Bahn, bis er auf Isolde stieß. Er mochte zunächst nicht glauben, dass sie es war, ging wieder etwas zurück, dann aber auf sie zu und begriff endlich. Sie an den Schultern fassend, drängte er sie langsam zurück und rief:"Ist das ein Kampf?!"
Sie nahmen nun die Augenbinden ab und beschlossen, dass Isolde genug gesühnt hätte..
Wir kehrten zurück zu unseren Weingläsern. Es hatte begonnen zu regnen, aber es störte uns nicht. Wir saßen auf der Lehne der Bank und kreuzten die Klingen mit Goethe, Kafka und unseren eigenen verborgenen Gefühlen.

Beate Kunisch

Haiku

Grauer Steinfinger
Zeigt auf die Wolkenfäden
Eiche schweigt dazu

Martina Hörle

Stärke

Unerschütterlich
trotzt er Regen, Sturm und Eis.
Fels der Ewigkeit

Saga Grünwald
Das Opferkind

Ulfius legte sich mit einem beklommenen Gefühl zur Nachtruhe. Den ganzen Tag über hatten seine Arbeiter geschuftet, angetrieben von seiner unermüdlichen Aufsicht. Stein auf Stein hatten sie gesetzt, hatten Blut und Wasser geschwitzt und kaum eine Pause hatte ihnen Ulfius gegönnt. Überall schien er gleichzeitig gewesen zu sein, hatte Anweisungen erteilt, Befehle gegeben oder eine errichtete Mauer wieder niederreißen lassen, weil sie ihm nicht stabil genug erschienen war. Nichts hatte er dem Zufall überlassen, kein Stein war ohne seine Genehmigung verbaut worden.
Er hatte wirklich alles getan, was in seiner Macht stand und auf alles geachtet, was er seiner langjährigen Erfahrung zu verdanken hatte. Als er sich auf sein Lager legte, wusste er, dass er nichts hätte besser machen können. Trotzdem wurde er das schreckliche Gefühl nicht los, sein Leben verwirkt zu haben. Denn das war dem ersten Baumeister widerfahren, der im Auftrag des Königs begonnen hatte mit dem Turmbau. Nachdem seine Arbeiter den Turm einen ganzen Tag lang aufgebaut hatten, waren die Mauern in der folgenden Nacht in sich zusammengefallen. Als der König die Misere am nächsten Morgen erblickt hatte, war er so zornig geworden, dass er dem Baumeister eigenhändig mit seinem Schwert den Kopf abgeschlagen hatte.
Ulfius war kein Feigling, aber er musste sich dennoch eingestehen, dass er sich vor dem Zorn des Königs fürchtete, der es sich zum Ziel gemacht hatte, auf dieser Bergkuppe eine Festung zu errichten, die größer und mächtiger sein sollte, als alle Festungen zuvor, und vor allem, die uneinnehmbar war.
Ulfius fand keinen Schlaf. Immer wieder warf er sich auf seinem Lager hin und her, fuhr beim geringsten Geräusch zusammen und fühlte eine drängende Unruhe. Erst weit nach Mitternacht überwältigte ihn seine Erschöpfung und zog ihn in schreckliche Träume einstürzender Mauern, deren Steine ihn zu erschlagen drohten.
Ein lauter Aufschrei riss Ulfius aus dem Schlaf. Sofort war er hellwach, sprang auf und rannte nach draußen. Wieder erklang der Schrei, der

Ulfius alle Gedärme zusammenzog, denn er wusste im selben Augenblick, dass es nur das Zornesbrüllen des Königs sein konnte, der die eingestürzten Mauern entdeckt hatte.

Und so war es. Ulfius brauchte nur einen einzigen Blick, um die Katastrophe zu überblicken. Kein Stein war auf dem anderen geblieben. Nicht eine seiner so gewissenhaft errichteten Mauern stand noch. Als er das Trümmerfeld vor sich sah, das am Abend zuvor noch die Grundfesten des Turmes gewesen war, wusste er, dass sein Schicksal besiegelt war.

Schon kamen zwei Ritter des Königs auf ihn zu, mit finsteren Mienen und gezückten Schwertern. Doch Ulfius war kein Mann des Kampfes. Er war ein Handwerker, ein Meister seines Fachs. Deshalb setzte er sich auch nicht zur Wehr, sondern folgte den Rittern widerstandslos zum König.

Die Augen des Herrschers funkelten und er hatte Mühe, seine Stimme im Zaum zu halten, als er Ulfius fixierte und fragte: „Wie erklärt Ihr Euch, dass die Mauern eingestürzt sind?"

Ulfius wusste nicht, was er sagen sollte, denn er konnte sich diese Katastrophe selbst nicht erklären.

„Wieso sind die Mauern eingestürzt?", donnerte der König, so dass Ulfius zusammenzuckte. Mit bleichem Gesicht brachte er nur ein leises: „Ich weiß es nicht, Hoheit" heraus.

„Du weißt es nicht?", brüllte der König los und zog gleichzeitig sein Schwert. „Auf die Knie mit dir, du unnützer Bursche!"

Ulfius ließ sich auf die Knie fallen und schloss die Augen. Mit bebendem Körper wartete er auf den Schwertstreich des Königs, der ihn von seinem Kopf und seinem jetzigen Leben trennen würde. Er spürte, wie das Blut durch seinen Körper pulsierte, hörte es in seinen Ohren rauschen, in seinen Schläfen pochen. Mit einem Mal wurde alles in ihm ruhig. In wenigen Augenblicken würde Ulfius seine Reise in die Anderwelt antreten. Er war bereit.

Plötzlich hörte er ein leises Tuscheln. Noch immer hielt er die Augen geschlossen, wartete auf den tödlichen Schwerthieb. Doch der Schlag blieb aus.

Da öffnete Ulfius die Augen und spähte vorsichtig zum König hin, der noch immer vor ihm stand, das Schwert zum tödlichen Streich erhoben. Neben ihm stand ein weiß gewandeter Mann und redete flüs-

ternd auf ihn ein. Schließlich ließ der König widerwillig das Schwert sinken und wandte sich dem Mann zu, dessen langer Bart ihm bis fast zum Bauchnabel reichte.
Ulfius wagte kaum zu atmen. Was ging da vor sich?
„Hoheit, wir müssen herausfinden, warum die Götter die Mauern einreißen, und sie besänftigen. Ansonsten wird sich diese Katastrophe immer wiederholen und bald wird kein Baumeister mehr zu finden sein", redete der Mann auf den König ein.
Der nickte schließlich, dachte einen Moment angestrengt nach und erwiderte schließlich: „So sei es. Geht hin und sucht zehn Druiden. Sie sollen nach dem Willen der Götter fragen."
Der Mann nickte, verneigte sich respektvoll vor dem König und gab Ulfius im Vorbeigehen einen Wink, ihm zu folgen.
Der Baumeister konnte kaum glauben, dass er nun doch noch mit dem Leben davongekommen war. Das hatte er einzig dem Eingreifen des Druiden zu verdanken. Noch immer raste sein Herz vor Aufregung und er fragte sich, wie es nun weitergehen würde.
Der Druide führte Ulfius zu seiner Unterkunft. Dort wandte er sich ihm zu und sprach: „Der Bau wird ruhen bis die Götter zufriedengestellt sind. Wartet hier bis Ihr wieder gerufen werdet."
Ulfius verbrachte seine Tage mit dem Umherstreifen im großen Lager, wo er hoffte, Neuigkeiten über den Festungsbau zu erfahren. Irgendwann schnappte er die Nachricht auf, dass die zehn Druiden, die der König angewiesen hatte, nach dem Willen der Götter zu fragen, zu einem Ergebnis gekommen seien. Nach eingehendem Befragen der Sterne wären sie zu dem Schluss gekommen, dass nur ein Bauopfer die zürnenden Götter besänftigen konnte. Es sollte ein kleiner Junge sein, der in einer Ansiedlung lebte, den die Götter zum Opfer bestimmt hätten. Auch erfuhr Ulfius, dass der König bereits Reiter ausgesandt hatte, nach dem Jungen zu suchen.
Mit Spannung erwartete der Baumeister die Rückkehr der königlichen Gesandten. Ob sie den Knaben gefunden hatten? Ob sie ihn mitbrachten, um ihn den Göttern zu opfern und damit ihren Segen für den Bau der Festung zu garantieren? Ob die Götter dieses Opfer annahmen? Würden sie die Mauern stehen lassen oder erneut einstürzen lassen?

Die Ungewissheit nagte an Ulfius Seele. Würde er den Bau der Festung vollenden oder würde er die nächsten Tage nicht überleben? Alles schien am Erfolg der königlichen Gesandten, am Vermögen der Druiden und am Wohlwollen der Götter zu hängen. Ulfius war nur zu bewusst, dass er nichts zum Gelingen des Festungsbaus beitragen konnte. Er hatte keinerlei Einfluss. Diese Machtlosigkeit war nur sehr schwer zu ertragen.

Die Tage verstrichen. Schließlich wurden Stimmen laut, einer der Reitertrupps wäre erfolgreich gewesen und wäre mit dem Opferkind bereits unterwegs zur Bauruine. Ulfius wurde von einer drängenden Neugier erfasst. Endlich passierte etwas, endlich hatte das unselige Warten ein Ende. Endlich würde die Entscheidung über seine Zukunft fallen.

Die Ankunft der Gesandten des Königs konnte nicht verborgen bleiben. Zu viele neugierige Augen, zu viele wachsame Ohren lagen auf der Lauer, um das Opferkind zu empfangen, von dem der Bau der Festung abhing.

Als ein Junge auf einem schweren Ackergaul zwischen die Hütten ritt und laut die Rückkehr der Reiter verkündete, ließen die Menschen alles stehen und liegen, reihten sich am Weg auf, um zumindest einen Blick auf das Kind werfen zu können. Auch Ulfius stand unter ihnen, hielt Ausschau und spürte, wie sein Herzschlag schneller wurde, als er von ferne die Pferde herankommen sah. Die Reiter saßen gleichmütig im Sattel, so als interessiere sie die wartende Menschenmenge nicht. Im Gegenteil, sie schienen in ein angeregtes Gespräch mit dem kleinen Knaben vertieft zu sein, der sie auf einem schwarzen Pferd begleitete.

Ulfius konnte den Blick nicht von dem Jungen nehmen. Der Baumeister schätzte, dass er nicht älter als fünf oder sechs Jahre sein konnte. Jedenfalls wenn er sich seine Größe und seinen Körperbau ansah. Doch als Ulfius in seine Augen blickte, hielt er unwillkürlich den Atem an. Aus den stechend blauen Augen des Knaben schaute ihn ein weiser Geist an. Nur für einen winzigen Moment trafen sich ihre Blicke, doch diesen Augenblick sollte Ulfius niemals vergessen.

Wie gelähmt stand der Baumeister noch da, als der Reitertrupp längst vorbeigezogen war und die Menschenmenge begann, sich aufzulösen. Es dauerte eine ganze Weile, bis Ulfius wieder fähig war, klar zu denken. Dann eilte er los, den Weg entlang, um den Gesandten des Königs zu folgen.

Er kam gerade dazu, als sie sich vor der Unterkunft des Königs aus den Sätteln gleiten ließen. Auch der Knabe rutschte geschickt vom Pferderücken und blieb abwartend stehen. Er schien nicht die geringste Furcht zu haben. Weder vor der Begegnung mit dem mächtigen und aufbrausenden König, noch vor der Bestimmung, als Bauopfer sein Leben zu lassen, die man ihm zugedacht hatte. Der Kleine strahlte eine Ruhe aus, die einen gehörigen Eindruck auf Ulfius machte.

Die Ankunft der Gesandten war dem König längst gemeldet worden, nun schickte er seinen Diener, die Truppe zu ihm zu bringen. Ulfius wusste, dass er nicht dazugehörte, er wusste, dass er nicht das Recht hatte, mit den Gesandten vor den König zu treten. Allein, er konnte nicht anders. Es war ihm, als zöge ihn der Knabe magisch an.

Ein bisschen mulmig war ihm schon, als er schließlich seine Knie vor dem König beugte. Doch der Herrscher hatte nur Augen für den Jungen und beachtete Ulfius überhaupt nicht.

„Das ist er also?", fragte der König, wobei er den Knaben eingehend musterte.

„Ja, Hoheit, das ist er", antwortete einer der Gesandten. „Er hat es selbst bestätigt."

„Hat er das?" Es klang ein wenig ungläubig.

„Ja, Hoheit. Als wir in das Dorf kamen, saß er mit anderen Kindern auf dem Dorfplatz. Die anderen Kinder schienen ihn jedoch zu meiden. Und als er uns entdeckte, rief er, dass wir wohl auf der Suche nach ihm seien. Und dass wir ihn gefunden hätten."

Der König sagte darauf nichts, doch Ulfius konnte erkennen, dass er über die ungewöhnliche Reaktion des Knaben nachdachte. Noch bevor der König zu einem Schluss gekommen war, trat der Junge einen Schritt vor und erhob die Stimme.

„Ihr wollt doch nicht wirklich auf den Rat Eurer Weisen hören?", fragte er mit fester Stimme und fügte hinzu: „Denn dieser Rat ist falsch."

Die Dreistigkeit dieses Verhaltens war so enorm, dass es dem König zunächst die Sprache verschlug. Diesen Moment nutzte der Knabe, um weiter zu sprechen: „Eure Druiden haben die Sterne befragt und völlig falsche Schlüsse gezogen. Sie haben in den Himmel gesehen und sind zu einem irrigen Ergebnis gekommen. Es sind nicht die

Götter, die zürnen, Es sind nicht die Götter, die ein Opfer verlangen. Der Grund, warum die Mauern des Nachts einstürzen, liegt tief in der Erde verborgen."

Mit immer größerem Staunen hatte der König der Rede des Knaben gelauscht. Ulfius merkte, wie er innerlich bebte vor Anspannung. Das Auftreten dieses Kindes und seine geheimnisvollen Worte hatten ihn völlig in ihren Bann gezogen. Wie würde der König reagieren? Ulfius hätte nicht sagen können, ob es die Rede des Knaben oder sein durchdringender Blick gewesen war, was den König erkennen ließ, dass er es hier mit weit mehr als einem normalen Kind zu tun hatte.

„Sprich weiter!", forderte der Herrscher.

„Lasst Euren Baumeister ein Loch graben, genau dort, wo die Mauern zusammengefallen sind. Sie werden auf einen Felsen stoßen, den sie anheben müssen. Darunter werden sie zwei Drachen finden, einer rot, der andere weiß, die des Tags schlafen. Doch in der Nacht erwachen sie und beginnen einen Kampf, der so gewaltig ist, dass er den Berg erschüttert, die Erde beben und die Mauern einstürzen lässt."

„Zwei Drachen ...", stieß der König leise hervor.

„Lasst den Felsen entfernen, damit die Drachen aus ihrer Höhle aufsteigen können, so wird der Berg zur Ruhe kommen und die Mauern werden stehen bleiben."

Die Gesandten wagten nicht, sich zu rühren. Selbst Ulfius hielt den Atem an. Was würde der König tun? Würde er den Rat seiner Druiden, der weisesten Männer des Landes, befolgen und das Kind als Bauopfer den Göttern darbringen, so wie er es ursprünglich geplant hatte, oder würde er auf einen fünfjährigen Knaben hören, der ihm eine unglaubliche Geschichte aufgetischt hatte?

Die gespannte Erwartung lag greifbar in der Luft. Einzig der Knabe schien davon völlig unbeeindruckt. Gelassen stand er vor dem mächtigen Herrscher, so als wisse er längst um dessen Antwort.

Endlich richtete sich der König auf, fixierte Ulfius so plötzlich mit einem stechenden Blick, dass der Baumeister kaum merklich zusammenzuckte. Da sprach der König: „Ihr habt gehört, was der Knabe gesagt hat. Geht und grabt den Felsen aus. Ich möchte die Drachen mit eigenen Augen sehen."

Ulfius verneigte sich eilends, entfernte sich mit gemessenem Schritt, um dann loszurennen und seine Arbeiter zusammenzurufen. Keine

halbe Stunde später waren die Männer damit beschäftigt, ein Loch in die Erde zu graben. Tatsächlich stießen sie bald auf einen gewaltigen Felsen. Als sie auch den Felsen freigelegt hatten, gewährte Ulfius den Arbeitern eine Pause und eilte zum König.
Der saß noch immer auf seinem Herrschersessel und schien in ein angeregtes Gespräch mit dem Knaben verwickelt zu sein. Als Ulfius vor ihn trat, schaute er erstaunt auf.
„Hoheit, wir haben den Felsen so vorgefunden, wie der Knabe gesagt hat."
Die Augen des Königs weiteten sich. Er nickte Ulfius zu.
„Führt mich hin." Darauf erhob er sich, legte dem Knaben eine Hand auf die Schulter und sagte: „Komm mit mir."
Kurze Zeit später mühten sich die Arbeiter, mit langen Ästen und Stangen, den Felsen anzuheben, während der König, der Knabe und Ulfius in sicherer Entfernung verharrten und jede Bewegung beobachteten. Mit großer Anstrengung schafften es die starken Männer, den Felsen anzuheben.
Der König und Ulfius traten näher heran, um in die Grube blicken zu können. Und da sahen sie es. Tief in der Erde verborgen lagen zwei gewaltige Drachen. Ihre schuppigen Körper ruhten zusammengerollt, ihre Augen waren geschlossen, die Flügel angelegt. Gleichmäßig gingen ihre Atemzüge. Wie der Knabe vorausgesagt hatte, war ein Drache von leuchtend roter Farbe, während der andere ein reines Weiß aufwies. Gebannt starrten der König und Ulfius die beiden furchterregenden Kreaturen an. Lange Zeit konnten sie sich nicht von diesem Anblick lösen. Schließlich erklang hinter ihnen die Stimme des Knaben, der ruhig sagte: „Schiebt den Felsen zur Seite, so dass die Drachen sich aus der Erde erheben können."
Ulfius warf dem König einen fragenden Blick zu und als dieser nickte, erteilte er seinen Arbeitern den Befehl, den Felsen zur Seite zu schaffen. Gerade hatten die Männer auch diese Aufgabe bewältigt, als die Sonne sich dem Horizont zuneigte und die Vögel ihr Abendkonzert anstimmten. Kaum war die Sonne untergegangen, als die Drachen aus ihrem Schlaf erwachten. Ein ohrenbetäubendes Röhren erscholl, das Ulfius das Blut in den Adern gefrieren ließ. Er musste mit aller Gewalt gegen den heftigen Drang ankämpfen, so schnell wie möglich so viel Raum wie möglich zwischen sich und diese Drachengrube zu

bringen. Sein Pulsschlag raste, als er beobachtete, wie der rote Drache flügelschlagend aus der Erde aufstieg, dicht gefolgt von seinem weißen Widersacher. Schon begannen die beiden Kreaturen einen furchtbaren Kampf, während sie sich immer weiter in die Lüfte erhoben. Feuerspeiend umkreisten sie einander und brüllten entsetzlich. Etliche lösten sich aus der neugierigen Menge und rannten schreiend davon, verkrochen sich in ihren Hütten oder suchten Schutz hinter Felsen und Mauern. Selbst der kampferfahrene König biss die Zähne fest zusammen, um sich sein Unbehagen nicht anmerken zu lassen. Einzig der Knabe verharrte völlig gelassen auf der Stelle und ließ die beiden ringenden Drachen nicht aus den Augen. Ihre Feuer irrlichterten über den wolkenbedeckten Himmel und ihr Gebrüll klang wie rollende Donnerschläge. Immer wieder bissen und schlugen sie mit den langen Schwänzen nach einander. Mit bangen Herzen blickten ihnen die Menschen dabei zu, wie sie sich mehr und mehr entfernten, kleiner wurden und schließlich mit den Wolken verschmolzen.
Dann wurde es still.
Es war, als hielte die Welt den Atem an.
Der Wind legte sich, die Vögel verstummten, die Bäume standen reglos.
Und in diese tiefe Stille hinein erklang die ruhige Stimme des Knaben: „Nun könnt Ihr Eure Festung bauen." Er wandte sich dem König zu und fügte leise hinzu: „Aber vor den Folgen Eures frevelhaften Handelns wird sie Euch nicht beschützen."
Der König starrte das Kind an und seine erstaunte Miene verfinsterte sich, bis blanker Zorn seine Augen funkeln ließ.
„Dafür wirst du büßen", presste der König mühsam hervor. Dann gab er seinen Rittern einen Wink und rief: „Greift ihn, ich will sehen, wie er für seine Beleidigungen blutet."
Schon taten die Ritter den ersten Schritt auf den furchtlos auf der Stelle verharrenden Knaben zu, als dieser die Hand hob und die kampferprobten Männer mit einer einzigen Geste erstarren ließ. Ehrfürchtig und beunruhigt zugleich schauten sie das Kind an, das aufrecht dastand und sich mit fester Stimme an den König wandte: „Ihr werdet meinen Todestag nicht erleben. Doch bald schon werdet Ihr und Eure ganze Familie mitsamt den Mauern Eurer Festung ein Raub der Flammen werden."

Ulfius wagte nicht zu atmen. Obwohl er den Stolz und die unbeherrschte Grausamkeit des Königs kannte, spürte er auch eine seltsame, furchteinflößende Macht, die von dem Knaben ausging, und er fragte sich, was der König nun tun würde. Einige lange Augenblicke lang geschah überhaupt nichts, während der König das Kind anstarrte, das diesen Blick ohne zu Blinzeln erwiderte. Endlich hatte sich der König zu einer Entscheidung durchgerungen. Mit einem kaum wahrnehmbaren Seufzen wandte er sich von dem Knaben ab, Ulfius atmete auf. Über das Gesicht des Knaben wehte der Hauch eines Lächelns. Ohne Eile setzte er sich in Bewegung, trat in ein Gesträuch und verschwand. Nur einen Moment später stieg ein großer Rabe aus diesem Busch auf und flog auf weiten Schwingen davon. Am nächsten Morgen begann Ulfius damit, die Festung zu bauen.

Andreas Erdmann
Der Bahnhof von Orx

Es war kurz nach Anbruch des Tages. Ich kam aus der Hütte und stieg, schwer mit meinem Rucksack beladen, den buckligen Pfad steil bergab. Dabei stand mir das hohe Gebirg im Genick und über dem Hut mit der luftigen Feder, auf felsigem Gipfel, das Kreuz. – Schritt um Schritt schlug der Wanderstock auf den Stein, und zu meinen Füssen wogten die grünen Wipfel des Waldes herunter ins Tal, wo mir schon vereinzelt die rot geschindelten Dächer vom Dorf heraufblinkten: „Grüßgott!" rief ich dem Holzfäller zu, den ich nun an der Weggablung traf: „Wo, bitte, geht's denn hier runter nach Orx!?"
Er knurrte mich an und wies mit der Axt rechterhand in den Hohlweg. Da bedankte ich mich, hob den Stock und stieg unter die Tannen.
Aus dem Talgrund stieg mir ein Wispern des Windes entgegen, erzählte mir leise von einem fahrenden Zug in der Ferne. Eben noch kreuzte ein Eichhorn den Weg. Dann sprangen die Bäume zurück in das Holz, und der Blick schwebte frei die Felder hinunter, zu den Gehöften und Häusern im Ort. Dort, aus der Mitte, erhob sich der Kirchturm mit einem Hahn auf der Spitze, der golden im Licht der Sonne aufblitzte.
Ich folgte dem Feldweg. Der wand sich wie eine Schlange durchs Korn und führte vorüber an brennendem Mohn, durchbrach dann den Feldrain und lief zwischen blühenden Gärten einher: „Grüßgott!" lüftete ich meinen Hut vor der Frau, die mich durch ein Loch in der Hecke beäugte: „Tschuldigung, gibt es im Ort einen Bahnhof?"
„Na, da muss Er nur immer weiter runter und runter", sprach's aus der Hecke, „da läuft Er direkt mit der Nase davor!"
Kurz darauf ging der Schotter in die gepflasterten Dorfstrasse über. Diese fuhr dann in einigen Kurven durch eine Gasse von Häusern, bis sie am Ende an ein Gebäude im Efeu anstieß: ‚AHNHOF' war dort in rostroten Lettern auf einer umrankten Tafel zu lesen. Ein Buchstabe fehlte.
Der Bahnhof von Orx erwies sich als trostlos: Das Tor zur Halle war eingetreten, die Fensterscheiben zerschmissen, die Schalter gänzlich mit Sperrholz verrammelt... Ein paar Graffities. Am Rand stand

ein Fahrkartenautomat, uralt - und defekt: Er schluckte gierig die Münzen und spuckte weder den Fahrschein noch das Geld wieder aus: „Blöde Kiste!" Ich kehrte mich um, stolperte, durch einen Haufen von Müll, hinaus auf den Bahnsteig. Hier lehnte ich den Stock an die Wand, schnallte den Rucksack vom Rücken und trat an den Schaukasten, suchte den Fahrplan hinter der ölig verschmierten Scheibe zu lesen: „Im Namen der Bahn!" sprach mich plötzlich wer von der Seite her an. „Ich heiße Sie herzlich willkommen im Bahnhof von Orx!"

Ich drehte, erschrocken, den Kopf und gewahrte - „Grüßgott!?" - einen alten, kauzigen Mann mit einem weißen, wauschenden Bart: „Gestatten, mein Name ist Schaurig!" krächzte der Alte und hob, mir zum Gruß, seinen Arm mit der rotgrünen Kelle: „Gestatten, ich bin der Stationsvorsteher!"

Der greise Herr trug eine Dienstuniform, die wohl, samt der Dienstmütze, ursprünglich blau, doch mittlerweile völlig vergraut und verstaubt war. Glänzend poliert jedoch und hell strahlend baumelte ihm eine silbrige Trillerpfeife von der Kette am Kragen: „Nun, junger Wandersmann, wenn Sie Hilfe bedürfen... Ich stehe Ihnen auf dieser Station mit Rat und Tat gerne zu Diensten."

„Gut...", meinte ich zögernd, „so darf ich Sie auf den Automaten in der Halle aufmerksam machen: Der hat sich mein Geld einverleibt, ohne mir dafür ein Ticket---"

„Halt!" fiel mir jetzt der Herr Schaurig ins Wort: „Ich habe Ihnen gerade erklärt: Ich bin hier der Stationsvorsteher, bin also weder vom Reparaturdienst noch Schalterbeamter, geschweige denn der Bedienstete von der Beschwerdestelle. Da sollten Sie sich an die zuständige Ordnungsanstalt in Stadelsbach wenden."

„Aha!", machte ich. „Noch eine Frage: Was ist mit dem Fahrplan? Man kann ihn nicht lesen."

„Dito!" bekam ich zu hören, „die gleiche Auskunft!"

„Dann, bitte, sagen Sie mir, wann hier der nächste Zug nach Stadelsbach fährt?"

„Stadelsbach, Stadelsbach...?" legte Schaurig die Stirn in Falten, schob sich die Dienstmütze schief in den Nacken und schielte hinauf zu der Bahnhofsuhr: Dort auf dem Ziffernblatt wiesen die Zeiger irgendwohin - doch sie zeigten gewiss nicht die Zeit an.

„Wissen Sie", meinte er schließlich, „ich weiß es auch nicht."
„Wie?" fragte ich. Er stehe hier vor und können mir nicht die Fahrtzeiten nennen.
Da sei er halt überfragt. „Sehen Sie, es verkehren tagtäglich so viele Züge auf dieser Strecke, verkehren von hier nach dort und von dort nach hier. Aber wann sie verkehren, wann o wann - das ist eine interessante Frage."
„Ich verstehe nicht ganz..."
„Nun", bekam ich erklärt, „in alter Zeit galt das Motto: Pünktlich wie die Eisenbahnen. Doch heutzutage kommen und gehen die Züge nur mehr mit Verspätung. Alle fahren sie unregelmäßig. Alles fährt hier durcheinander."
„Ach!?"
„Ja, und wenn ich Ihnen die Auskunft erteile, der nächste Bummelzug käme, sagen wir mal, planmäßig in Fünfminuten, und er trifft dann in Zehnminuten noch immer nicht ein, hätte ich Sie doch aufs Gröbste belogen."
„Das wäre wohl wahr."
Darum sage er besser nichts.
„Sehr recht", sagte ich, nickte ihm zu und bedankte mich für die ehrliche Auskunft.
Anschließend pflückte ich meinen Stock von der Wand, stieg in den Rucksack und wanderte nun den Bahnsteig entlang zu der einzigen Sitzbank weit und breit, die ich, fernab des Dachs, am äußersten Ende des Gleises erspähte.
Dort angelangt, hob ich das Gepäck wieder ab, setzte mich auf das knarrende Holz und konnte endlich die müden Beine ausstrecken: Nein, keinen Schritt mehr mochte ich wandern! Nur noch zum Zug - und dann zügig heim!
So saß ich Seite an Seite mit meinem Rucksack und suchte nach dem Zug Ausschau zu halten: Mein Blick fuhr zur Linken die Geleise entlang und die Schwellen und Schienenstränge hinauf bis zu dem schwarzen Halbrund des Tunnels, der zwischen den Schenkeln der Hügel aufklaffte. Über dem Tunnel schroffte ein Felsen, und darüber schwebten ein paar wolkige Schäfchen im leuchtenden Blau.
Auf einmal drang, drüben vom Bahnsteig, ein heller und schriller Ton zu mir vor: Der Bahnhofsvorsteher blies lautstark die Pfeife. – „Na also,

der Zug!" Ich stemmte mich auf den Stock, stieg in die Schlaufen und machte mich auf den Weg zurück zu der Haltestation unterm Dach. Puh! hastete ich dem Bahnhof entgegen. Dort winkte Herr Schaurig mir schon mit der Kelle und rief mir irgendwas zu, was ich über die Entfernung hinweg nicht verstand. Erst wie ich, schnappend nach Luft, bei ihm anlangte, konnte ich ihn verstehen: „Junger Wandersmann!", sprach er aufgeregt, senkte die Kelle, stellte sich stramm und legte die Hand an die Hosennaht: „Falscher Alarm, falscher Alarm! Ich habe, ich weiß nicht warum, so aus Versehen die Pfeife geblasen."

„Melden Sie diesen hochpeinlichen Vorfall bitte nicht bei der Beschwerdestelle!" rief er mir noch nach, wie ich mich erneut auf den Weg zu der Sitzbank aufmachte,
Erschöpft kam ich an, ließ das Gepäck nieder, pflanzte mich auf das Holz und stellte die schmerzenden Beine von mir. Ich verschnaufte, schloss meine Augen und stellte mir vor, ich sitze im Zug und fahre längst heim.
Die Zeit verging. Es wurde Mittag - im Tunnel regte sich immer noch nichts, während drüben, unter dem Dach, der alte Mann am Spalier der Pfosten entlang marschierte. - Am frühen Nachmittag tauchte hinter ihm eine Gestalt im grünen Overall auf: ‚Ein anderer Fahrgast', sagte ich mir, ‚da wird der Zug ja bald kommen...' - Die grüne Gestalt bewegte sich vor bis zur Bahnsteigkante, wo sie verharrte und in Richtung des Tunnels starrte. Dort aber blieb es finster und stille.
Nach einer geschlagenen Stunde war von dem Overall nichts mehr zu sehen, derweil der Vorsteher in einem fort auf dem Gleis auf und ab patrouillierte.

Wer in Ungeduld wartet, wartet nur länger. Darum übte ich mich in Geduld. Und dann, irgendwann geschah es: Im ersten Moment kam's mir vor wie der Hauch eines Luftzugs, der von den Hügeln herüberwehte. Kurz darauf aber konnte ich aus dem Schlund des Tunnels ein leises Seufzen vernehmen, und jetzt, wie aus einem Säuseln heraus – eindeutig! - das Rauschen eines von ferne nahenden Zuges! - Im Nu hatte ich das Gepäck aufgeschultert und machte mich eilends zum Bahnhofsgebäude. Von dort schallte mir schon das Geträller der

Pfeife entgegen. Dazu schwenkte Schaurig die Kelle und tönte: „Der Zug kommt! Der Zug, Bahn sei Dank!"
Ich schleppte mich unter das Dach und trat an die Bahnsteigkante: Noch war vom Zug nichts zu sehen – da fuhr mich von hinterrücks, aus nächster Nähe, ein ohrenbetäubender Pfeifton an. Ich zuckte zusammen, schon schlug mir ein gellender Schrei ins Gehör: „Zurücktreten von der Bahnsteigkante!"
„Ich trete ja schon---"
„Nein, noch weiter zurück! Bis an die Linie!" Schaurig kam, mit feurigem Kopf, um mich rumgeschossen und brüllte: „Ich habe es Ihnen heut morgen ausführlich erklärt: Ich bin hier der Stationsvorsteher. Und Sie, als Fahrgast, sind dazu verpflichtet, meiner Anweisung unverzüglich Folge zu leisten!"
„Mein lieber Herr Schaurig, dies habe ich---"
„Aber nicht unverzüglich! Nicht unverzüglich!" schienen die rot aufgeblasenen Wangen beinah zu platzen: „Sie haben die Unverzüglichkeit nicht beachtet, wie es die Bahnhofsverordnung von Orx laut Paragraph 7a ausdrücklich vorschreibt!"
Er schnaubte noch - fasste sich mit einem Mal, sowie aus dem Tunnel - ZA ZÜH! - das Signalhorn des nahenden Zuges ertönte. - „Na, wollen' s noch einmal durchgehen lassen" zwinkerte er mir jetzt mit dem Aug, und dann flog sein Blick die Geleise hinauf, dorthin, wo aus dem schwarzen, gähnenden Tunnel urplötzlich die rote Nase der Lokomotive auftauchte: „Sie ist es! Sie, die rote Madame!" jubelte er. „Sie ist mir die Liebste von allen!"
ZA ZÜH! ZA ZÜÜHH! zog die rote Madame Wagon um Wagon aus dem Dunkel. Und auf den Schwellen, hoch auf dem glänzenden Schienenpaar sauste und brauste das prächtige Wesen von Stahl in seiner ganzen Länge heran. Lauter und lauter ertönte das Rattern der Räder: RA- TA- TATA! Schlug, im trommelnden Rhythmus, Metall auf Metall: „Jau, das ist Musike!" jauchzte der Vorsteher, blies in die Pfeife und schwang im Takt seine Kelle. Der Zug preschte näher: Schon war der Umriss des Lokführers vorne im Fenster zu sehen. Er sah uns wohl auch und hob seine Hand wie zum Gruß. Ich winkte zurück – aber nein! Was war das!? Das stählerne Ungetüm bremste nicht ab, sondern rauschte mit ungebremster Geschwindigkeit in den Bahnhof. Es zischte und ratterte - RA- TA- TATTAH!!! - geradewegs

an uns vorbei: „H... Ha... Halt!", rief ich aus, als der Fahrer im Fenster lächelnd und winkend vorüberflog. Es flogen die Wagen vor uns dahin, Wagon um Wagon und Fahrgast um Fahrgast – hinter der langen Reihe der Fenster: Ein Herr in Blö schaute heraus, eine lachende Schöne und eine ältere Dame mit Riesenschnautzer... Nun noch das Kind mit der plattgequetschten Nase am Glas. Und am Ende sah man nur mehr das Rücklicht des hintersten Wagens aufblinken: Ein gelbes Flackern, welches mitsamt dem Zug hinter dem blühenden Berghang abtauchte.

Entsetzt wand ich mich an den Bahnhofsvorsteher: „Hören Sie mal!"
„Ja bitte, ich höre..."
„Ich wartete sechseinhalb Stunden auf diesen Zug!"
„Ja und?" erhielt ich zur Antwort. Er sei doch gekommen.
„Er kam, er kam - und hielt gar nicht an!"
Da kratzte er sich an der Mütze und meinte: „Tja, mit den Zügen verhält es sich wie dem Glück: Es kommt auf uns zu – wir möchten es halten, da rauscht es schon an uns vorbei."
„!?"
„Und, junger Mann, was die Züge betrifft, können Sie hier eine Ewigkeit warten, ohne dass mal ein Zug hält."
„Wie!?" ich, verwirrt.
„Seit gut einem Vierteljahrhundert hielt hier kein einziger Zug. Denn die Haltestation wurde seinerzeit aus dem Verkehrsplan gestrichen."
„Waas?"
„Ja, wissen Sie nicht? Sie befinden auf einem Geisterbahnhof."
„G... G... Geisterbahnhof!?"
„Allerdings", griente der Alte, „man munkelt gar, dass es hier spukt!"
„Wieso haben Sie mir nicht vorher gesagt, dass die Züge an dieser Haltestelle nicht halten!?"
„Och, hab ich das nicht?" zupfte er sich seinen Bart. Dann lachte er: „Hah, Sie sind mir gut! Sie haben mich ja auch nicht danach gefragt!"
„Und was, bitte, haben Sie als Bahnhofsvorsteher an einem Bahnhof zu schaffen, der kein Bahnhof ist!?"
„Ich? Ich stehe wie eh und je meinen Dienst ab", meinte er, ging ein Paarschritte – und drehte sich jäh nach mir um: „Wenn Sie's genau wissen wollen: Ich verrichte den Vorsteherdienst schon eine lange,

sehr lange Zeit, genau genommen, seit meinem Antritt am 1. Oktober 1889."
„Das kann nicht wahr sein!" rief ich ihm zu, „so lang lebt kein Mensch!"
„Habe ich etwa behauptet, ich lebe?"
„Sie scheinen mir durchaus lebendig..."
„Nichts ist, wie es scheint", meinte er grinsend. „Manch einer scheint im Leben zu stehen – und steht dem Tode viel näher. Ich, beispielsweise, bin bereits über ein halbes Jahrhundert lang tot."
„T... tot!!?"
„In der Tat, bin am 17. Mai des Jahres 1948 gestorben," seufzte der Alte, „litt sehr am Herzen, erlag meinen letzten Infarkt. Doch ich habe den Vorsteherdienst so unendlich geliebt! Ich konnte mich ewig nicht von ihm trennen", sprach er, schritt vor zu der Wand. Er wies mit der Hand hinauf zu dem Schild, das dort verrostet und schief auf dem Putz hing. Ich trat hinzu, hob den Kopf und las eine uralte Inschrift:

Herrn Nepomuk Schaurig zum Angedenken. Er diente uns als Stationsvorsteher des Bahnhofs von Orx, alle Zeit treu und redlich, vom 1. Oktober 1889 bis 17. Mai 1948.

„Das ist ja unglaublich!" Ich senkte den Blick und kehrte mich um: „Hallo? Hallo, Herr Schaurig?!"
Nun spähte ich den Bahnsteig hinauf, den Bahnsteig hinunter, konnte den alten Herrn nirgends entdecken. Ich spähte rundum: Außer mir befand sich hier niemand. Niemand. Nein, niemand! – Mir schoss ein Frösteln den Rücken herunter. Ich hob an zu zittern. Ich wollte den Bahnhof nur noch so schnell wie möglich verlassen, hob den Stock und steuerte schon auf den Ausgang zu, da fuhr mir von hinterrücks, aus nächster Nähe, der schrille Aufschrei der Pfeife ins Ohr.

Martina Hörle
Berge haben Charakter

Seit Anbeginn aller Zeit gibt es Berge, steinerne Zeugen von Vergangenheit und Gegenwart. Unbeirrt stehen sie da, reglos und schweigsam. Doch sind sie nicht tot, wie man meinen möchte. Oft machen sie durch spektakuläre Aktionen von sich reden, manche mehr, andere weniger.

Hier zeigt sich die Unterschiedlichkeit der Charaktere. Allen voran das Matterhorn. Eigensinnig und dickköpfig will es verhindern, dass Menschen auf ihm herumklettern. Nicht umsonst trägt es den Beinamen „König und Killer der Alpen". Kein anderer Berg hat bislang so viele Opfer gefordert.

Die Annapurna steht ihm in nichts nach. Der weibliche Todesberg aus dem Himalaya hat einen extrem lawinenreichen Lebenslauf. Das „Dach der Welt", der Mount Everest, will partout vermeiden, dass ihm die Menschen aufs Dach steigen. Er ist ein außerordentlich intoleranter Achttausender. Trotzdem hat er sich gegen viele Menschen nicht durchsetzen können. Schließlich muss auch die Eiger „Mordwand" mit ihren Launen Beachtung finden.

Doch sollte man nicht davon ausgehen, dass alle Berge bösartig sind und den Menschen schaden möchten. Manchmal wehren sie sich nur mit den ihnen gegebenen Möglichkeiten. So auch der Mount McKinley in Alaska. Er lässt die Bergsteiger nicht abstürzen und setzt keine Lawinen ein. Er nutzt seine klimatischen Möglichkeiten, wie Kälte und orkanartige Stürme. Passiver Widerstand führt auch zum Ziel.

Andere Berge dagegen heißen Menschen willkommen. Die Lachenspitze ist ein wahrer Bilderbuchberg, der dem Bergsteiger keine Probleme macht und ihn auch noch mit einer traumhaften Aussicht belohnt. Ebenso gastfreundlich ist der Kärntener Dobratsch, der den Bewohnern der Gegend als Hausberg sehr ans Herz gewachsen ist. Er macht es den Wanderern leicht, seinen Gipfel zu erreichen. Und dann schenkt er ihnen einen Blick, der jede Anstrengung wert ist.

Wieder andere wollen den Menschen helfen, soweit es ihnen möglich ist. Seit hunderten von Jahren geben sie her, was in ihnen steckt, und legen ihre Zugänge zu Schätzen wie Silber oder Kupfer offen. Diese Geschenke sind von großer Bedeutung für die Menschen. Tatsächlich konnte durch Zinn, Blei und Antimon eine ölhaltige Tinte hergestellt werden, die dann von einem Gutenberg genutzt werden konnte.

Kay Ganahl
Freiheit des Berggeistes

Silhouetten werden
auf dem Bergmassiv sichtbar -
es ertönt die Alarmsirene:
ein Geist geht um,
auch A. ist unterwegs …

Gipfel und Abgründe, Menschen leiden
und Geschichten werden erzählt.
Die des Berggeistes ist die größte,
wir kennen ihn!
Auf dem Massiv liegt jetzt sein Schatten!

Wahrlich, Berge sind in Bewegung geraten,
denn die Arbeiter haben sie ganz ausgehöhlt.
Im Gebirge herrscht die Angst,
nun zerfallen die Berge nach innen -
Berggeist Rübezahl rächt sich?!

Die gebildete A. nimmt jede Gefahr in Kauf,
weiß sie doch zu überleben,
bekannt mit dem Geist dieser Berge -
einem nun noch wilderen Unhold -
unverstanden von den Menschen -

Gesichert steigt A. den Berg herunter
und spricht ehrfurchtsvoll: „Der, der hier alle Berge kennt,
alle Menschen hasst
und der, den wir fürchten müssen, ist gekommen!"
Sie blickt das Massiv hoch –

Ganz oben hockt Rübezahl, mit seiner Stimme
dröhnt er höhnisch gegen die Welt an.
Will Retter der Berge, Reiter der Himmel sein
mit seinem Zauber im Widerstand gegen
zivilisatorische Bemühungen

in „seinem" Gebirge!

Doch A. bleibt, schreiend gegen das Massiv, ganz hart -

springt in Gedanken zu Rübezahl,

um ihm die Herrschaft streitig zu machen

Beate Kunisch
Das Kistchen und die sieben Berge

Es war einmal eine Mutter, die hatte eine wunderschöne Tochter, die hieß Marie. Als die Mutter alt war und im Sterben lag, saß Marie an ihrem Bette und hielt ihre Hand.
„Hol mir mein Kistchen" sagte die Mutter mit schwacher Stimme.
„Was für ein Kistchen?" fragte Marie erstaunt, denn sie hatte noch nie davon gehört.
„Mein Kistchen, drüben im Schrank. Ich habe es von meiner Mutter bekommen. Es ist aus Holz und etwas ganz besonderes." Die Mutter zeigte auf den dunklen Eichenschrank in der Stube.
Die Tochter suchte in dem Schrank nach dem Kistchen und endlich, ganz unten und weit hinten, kam ein kleines, hölzernes Kistchen mit einem goldenen Hakenverschluss zum Vorschein.
Sie reichte es ihrer Mutter, und so lag das Kistchen auf der Bettdecke.
„Öffne es, ich bin zu schwach." bat die Mutter.
Und so öffnete Marie das Behältnis, und in der Kiste waren einige Briefe, kleine Papierstücke, eine Haarlocke, gepresste Blüten und allerlei Kleinigkeiten, mit denen sie nichts anzufangen wusste.
„Das alles hatte einmal eine große Bedeutung für mich." Flüsterte die Mutter.
„Wenn ich gestorben bin, und wenn es dir einmal schlecht gehen sollte, musst du mit diesem Kistchen zu den sieben Bergen gehen und dann wirst du schon sehen." Die Mutter betrachtete all ihre bedeutungsvollen Dinge noch einmal wohlwollend und es dauerte keine drei Tage, da war sie gestorben.
Die Tochter nahm das Kistchen an sich und scheute sich, die Dinge darin zu vernichten. Sie ließ alles so, wie es war und verstaute den Kasten in der hintersten Ecke ihres Schrankes.
So vergingen einige Jahre, Marie heiratete und bekam ein Mädchen, das hieß Gretchen. Alles wäre so schön gewesen, aber eines Tages

brach ein Fluch über ihr Schicksal hinein. Ihr Mann entfernte sich immer mehr von ihr, Gretchen wurde faul und bösartig und sie selbst krank vor lauter Sorgen und Kummer. Da fiel ihr ein, was ihre Mutter ihr am Sterbebett gesagt hatte und sie holte das Kistchen hervor. Unversehrt lagen die Erinnerungen der Mutter darin. Marie wusste, was zu tun war. Sie machte sich auf zu den sieben Bergen und als sie dort angekommen war, setzte sie sich auf eine Bank und seufzte. Plötzlich kam ein starker Wind auf, das Kistchen öffnete sich und der Wind blies alle Papiere und getrockneten Blumen und alles das, was in dem Kästchen war, hinaus in die Lüfte. Alles wirbelte nach oben und wurde von dem Wind in den Himmel gezogen. Marie blickte nach oben und sah eine große Gestalt mit einem weiten, weißen Gewand und langen, hellen Haaren, die über ihr schwebte und rief: „Nun ist es an dir, das Kistchen zu füllen. Es wird alles gut werden."
„Ja aber…" weiter kam die Tochter nicht, denn die Gestalt hatte sich schon im Winde aufgelöst.
So ging Marie mit dem leeren Kistchen wieder nach Hause und wusste zunächst nicht recht, was sie damit anfangen sollte. Aber sie spürte eine unsichtbare Kraft, die in ihr wuchs, seitdem die Gestalt zu ihr gesprochen hatte. Da fiel ihr Blick auf ein Bild, das Gretchen ihr einmal gemalt hatte. Sie wusste sofort, dass sie dieses Bild in das Kistchen legen würde. Denn es war sehr bedeutungsvoll für sie. Und so ging es mit vielen Kleinigkeiten, die ihren Weg in die Kiste fanden: Die erste Haarlocke von Gretchen, die Rosenblüte, die ihr Mann ihr vor Jahren geschenkt hatte und die Kette, die Gretchen ihr einst gebastelt hatte. Allmählich füllte sich das Kistchen und auf wundervolle Weise wurde Gretchen immer fleißiger und liebevoller, ihr Mann war ihr wieder gut zugetan und sie führten ein einträchtiges und friedvolles Leben.
Irgendwann war das Kistchen voll, und wieder vergingen einige Jahre, da spürte Marie, dass es mit ihr zu Ende gehen würde. Und so verlangte auch sie in ihrem Sterbebett nach dem Kistchen und übergab es ihrer Tochter mit den Worten:
„Wenn ich gestorben bin, und wenn es dir einmal schlecht gehen sollte, musst du mit diesem Kistchen zu den sieben Bergen gehen und dann wirst du schon sehen."

Es dauerte keine drei Tage, da starb die Mutter und Gretchen verwahrte die Kiste. Sie heiratete aber nicht und sie bekam auch keine Kinder. Sie lebte glücklich und zufrieden allein, bis sie eines Tages krank und schwach wurde. Sie erinnerte sich an die Worte ihrer Mutter, nahm das Kistchen und ging mit letzter Kraft zu den sieben Bergen. Und als sie auf der Bank saß, wehte ein starker Wind und trug all das, was in dem Kistchen war, in den Himmel. Die große, weiße Gestalt erschien und rief:
„Nun ist es an dir, das Kistchen zu füllen. Es wird alles gut werden."
Gretchen ging nach Hause und spürte, wie sie von Tag zu Tag kräftiger und wieder gesund wurde. Aber sie wusste nicht, was sie in das Kistchen legen sollte. Denn nichts hatte Bedeutung für sie außer ein goldenes Kettchen, das sie von der Mutter bekommen hatte und das sie täglich um den Hals trug. Und so ging sie eines Tages mit dem leeren Kistchen wieder zu den sieben Bergen. Der Wind blies, plötzlich wurde das leere Kistchen in den Himmel gezogen, die große, weiße Gestalt erschien und rief:
„Geh nach Hause. Es wird alles gut werden."
Gretchen ging nach Hause und als sie in die Stube ging, stand dort eine große hölzerne Kiste mit Gold gefüllt. Gretchen wusste sofort, was zu tun war. Sie baute ein großes Haus mit einem riesigen Garten für alle Menschen, die wie sie alleine waren. Die Goldkiste füllte sich wie von Wunderhand immer wieder mit Gold auf. So lebten dort alle Menschen, die bis dahin alleine waren, glücklich und zufrieden zusammen und wenn sie nicht gestorben sind, dann leben sie dort noch heute.

Martina Hörle

Tod

Lawinen aus Stein.
Tödliche Gefahr lauert
in Berges Schatten.

Saga Grünwald

Aufstieg

Marmorberg
grün bepelzt
Die Welt in Schräglage
An den Hang geklebt
die Schafe
wollige Leichtigkeit
leise Glöckchenrufe
Sommerfeuchte
durchwebt die Höhe
In die Stille
verschleierter Fernen
schleicht sich
gollende Gewitterahnung
kühler Atemhauch
zürnender Götter

Karla J. Butterfield
Der Berg und der Hügel

Es war einmal ein großer Berg. So hoch, dass auf seinem Gipfel der Schnee für immer seine weißen Flügel aufgeschlagen hatte. So hoch, dass die Wolken zerbarsten, wenn sie an ihm stoßen. So hoch, dass die Winde das Pfeifen vor Anstrengung bekamen, wenn sie an ihm vorbeischießen wollten.

Neben diesem großen mächtigen Berg duckte sich ein Hügel. So klein, dass man ihn mit einem Berliner hätte verwechseln können. Im Winter verschwand er ganz unter dem Schnee, im Sommer stand er den halben Tag im Schatten des großen Berges.

Das alles wäre nicht so schlimm gewesen, wenn der große Berg ihm wenigstens etwas Beachtung geschenkt hätte. Doch dieser drehte ihm seine kalte Nordwand zu und missachtete ihn, als wäre der kleine Hügel nur eine Fahrlässigkeit der Natur. Und dieser kleine Klumpen wurde sehr traurig, denn er sehnte sich nach einem Freund.

Eines Tages gab er sich einen Ruck und rief zu dem großem Berg hinauf: „Hei, Freund, ist es dir nicht langweilig da oben? Wollen wir uns nicht ein bisschen unterhalten?"

„Waaas?", rief der Gigant zurück, „Du Zwerg, sprich lauter, ich höre dich hier oben nicht!"

„Ich möchte mich mit dir gepflegt unterhalten", rief nun der Hügel, so laut er konnte.

„…halten, halten, halten!" kam es oben bei dem großen Berg als Echo an.

„Ja, genau, du sollst deinen Mund halten, halten, halten, richtig", rief dieser zurück und reckte sich noch einige Meter gen Himmel, als litte er unter einem Größenwahn-Befall, gab sich sehr imposant und sang vor sich hin:

„Es war einmal ein Berg,
so klein wie ein Zwerg,
man konnte auf ihn spucken,
ohne sich zu ducken. Ha, ha, ha…"

„Das ist keine gepflegte Unterhaltung, das ist eine Beleidigung", schniefte der Kleine und drehte seine Südseite vom großen Berg ab.

Tränen liefen als silberne Bäche an ihm herunter.
Zwei Wochen blieb der kleine Hügel eingeschnappt, aber in der dritten Woche hielt er es nicht mehr aus und rief: „Bitte, sprich mit mir, großer Berg, ich vereinsame!"
„Hügel, du bist mal still,
du störst meine Kreise,
halt den Mund
und bleibe endlich leise", kam es von oben zurück.
Der Hügel wurde nach dieser Abfuhr noch kleiner und schwieg.
Nach einigen Tagen entschied er, sich an Gott zu wenden und ihn um Hilfe zu bitten.
Nachdenklich fuhr Gott mit der Hand durch seine weißen langen Haare, legte den Malpinsel, mit dem er gerade die Nordseedünen schattiert hatte, in den Farbtopf zurück und meinte: „Was soll ich tun? Die Erde war mein großer Wurf. Ich habe nur etwas geschüttelt, gemischt und gerüttelt, etwas modelliert und gestrichen. Ich kann dich nicht zu einem größeren Berg machen, damit der Depp dich akzeptiert. Ich bin ein Künstler, ich kann nicht alles mit Lineal zeichnen. Das wäre langweilig. Das musst du verstehen. Außerdem bin ich unfehlbar. Nachbessern gibt es bei mir nicht."
Aber er hatte Mitleid mit dem traurigen Hügelchen und fragte: „Sagt er wirklich kein Wort?"
„Nein, er hat mich nur ausgelacht."
„Dann erzähl ihm ein paar Witze, wenn er so gerne lacht."
„Ich kenne keine Witze."
"Hier, das könnte helfen", Gott überreichte dem Hügel eine Tüte, auf der das Wort HUMOR stand. „Das wird den steinigen Riesen etwas aufweichen. Ich kann aber für nichts garantieren, versuche es einfach."
Der Hügel freute sich riesig groß, so über seine eigentliche Größe hinauf, und konnte es kaum erwarten, den Humor zu präsentieren. Als es ganz windstill wurde, und er sicher war, dass der große Berg ihn hören würde, öffnete er das Säckchen, zog einen Zettel heraus und las vor:
„He Berg, rate mal, was ist weiß und rollt den Berg hinauf?"
Da der Berg neugierig wurde, beugte er sich etwas hinunter und brummte: „Berg hinauf? Das ist unmöglich. Sag schon!"

„Eine Lawine mit Heimweh!", rief der Hügel.
Und der große Berg schüttelte sich vor Lachen, so dolle, dass große Felsbrocken hinunter rollten und fast den kleinen Hügel zuschütteten.
„Noch einen!", rief der Berg und grölte vor Lachen.
Obwohl der kleine Hügel von der Steinlawine etwas derangiert war, erzählte er weiter:
„Was heißt Bergsteiger auf Chinesisch?"
„Keine Ahnung."
„Hing-am-Hang!", schrie der Hügel, und der Riese schüttelte sich vor Lachen, dass eine weitere Lawine hinunter rollte.
„Hör auf, hör auf, das tut weh", quiekte der Hügel, aber erzählte weiter, denn er war so glücklich, dass er den Berg zum Lachen bringen konnte.
Seit diesen Tagen zeigte sich der Berg höflicher und verlangte nach mehr Witzen.
Doch als dem Hügel die Witze ausgingen, verstummte der Berg erneut und schwieg.
Aber da war es um den kleinen Hügel bereits geschehen, ein Freund reichte ihm nicht, denn er hatte sich in den großen Berg verliebt. In sein Lachen, seine natürliche Stärke, seinen Stolz.
Wieder rannte er zu Gott und bat um Hilfe.
Gott dachte nach und lud dann den Hügel in sein Atelier ein. „Du hast Glück, ich habe gerade eine impressionistische Phase, lass mal sehen, was ich aus dir machen kann. Größer wirst du nicht - aber schöner."
Und tatsächlich, er malte den Hügel mit den prächtigsten Farben an. Zuerst eine Wiese mit bunten Blumen, dann Obstbäume mit den süßesten Früchten und glitzernde Bäche, die sich anmutig um den Hügel schlängelten. Und dann gab er dem Hügel, also seinem Kunstwerk, einen neuen Namen. Dieser lautete „Anhöhe".
Als der Hügel zum großen Berg zurückkam, staunte dieser nicht schlecht: „Donnerwetter, du siehst aber scharf aus, Kleiner."
Der Hügel wurde ob dieses Kompliments noch grüner und noch röter und blinzelte verführerisch mit den Blättern und Blüten. „Ja, ich habe eine Verschönerungskur von Gott erhalten.", sagte er stolz und winkte dem Berg mit seinen Baumästen zu.
In diesem Moment verspürte der große Berg etwas, was ihm vollkommen fremd war. Er verspürte eine Wärme in sich. Eine angeneh-

me Wärme, die ihn durchströmte und sogar den Schnee auf seinem Gipfel schmelzen ließ. Seine krummen Fichten richteten sich auf und die Felsen erstrahlten in einer glänzenden Pracht.

Eines Tages neigte er sich zum Hügel und sagte mit seiner angenehmsten Stimmen: „Was halten Sie davon, wenn wir zusammen ein Lied singen, mein Freund Hügel?"

„Gerne, antwortete der Hügel, aber wissen Sie, ich bin eigentlich **kein** Hügel, ich bin eine Anhöhe."

„Was macht es schon für einen Unterschied, ich mag Sie so oder so."

„Oh", errötete die Anhöhe, „das schmeichelt mir, aber Sie verstehen ein Hügel ist „ein" Hügel und ich bin „eine", eine Anhöhe, Sie verstehen?"

Es dauerte lange, aber endlich verstand der Berg, was die Anhöhe meinte, und er sang ein Lied der Sehnsucht für sie und sagte dann: „Ich liebe dich." Und da dieser Berg in Frankreich beheimatet war, sagte er es im schönsten Französisch: „Je t'aime, mon amour." Und die Anhöhe antwortete: „Moi aussi, chérie."

Die Tage vergingen, und die Liebe wuchs zwischen den beiden Bergen. Aber sie konnten sich nicht näher kommen, denn sie waren fest mit der Erde verbunden. Der Abstand zwischen den beiden war klein, aber unüberwindbar, und die Situation wurde von Tag zu Tag unerträglicher. Die beiden platzten fast vor Sehnsucht zueinander.

Also bat die Anhöhe zum dritten Mal bei Gott um Hilfe.

„Du nervst, sagte Gott. Meinst du, ich hätte nichts anderes zu tun, als mich um dich zu kümmern. Ich habe mit Kriegen, Seuchen und Katastrophen zu tun. Eigentlich bin ich ein Künstler, ich will erschaffen und nicht ständig auf die Launen der Berge oder auf die Verkommenheit der Menschheit achten. Ich bin kein Polizist, ich bin kein Moralprediger, ich bin kein….", und Gott erzürnte sich dermaßen, dass die Erde anfing zu beben. Das Innere der Erde rumorte, die Platten verschoben sich, ganze Meere ergossen sich über die Strände und Küsten. Und als dieser Krawall nach einigen Stunden zu Ende war, sah die Erde nicht mehr wie vorher aus.

Der Berg und die Anhöhe fanden sich am Rande eines Tales wieder, und als sie an sich herunterschauten und sich gegenseitig ansahen, wurden sie überglücklich, denn der große Berg kleiner und gesetzter geworden war, und die Anhöhe, schlank und rank, sich an seine beste Seite schmiegte. Dank dem gigantischen Erbeben bildeten die beiden jetzt einen Bergkamm zusammen, unzertrennlich, unverrückbar. Und wenn sie um sich schauten, fanden sich ringsherum mehrere Hügelchen und Anhöhen, die zwar kleiner waren als sie, aber ihnen sehr ähnelten.

Ich habe diese beiden Berge erklommen, und eines Nachts erzählten sie mir ihre Geschichte. In dieser Zeit waren sie schon seit fünfhundert Jahren miteinander verbunden und liebten sich nach wie vor. Die Anhöhe erzählte dem Berg jeden Abend eine lustige Geschichte, und der Berg sang für sie leidenschaftliche Chansons in Begleitung der pfeifenden Winde.

Wenn Ihr eintausend Kilometer südlich wandert, und dann hinter der ersten Tanne nach rechts geht, zwei Pässe überquert und den dritten Pfad nach links nehmt, kommt Ihr zu einem Tal, an dessen westlichen Rand die beiden stehen. Sie werden euch meine Geschichte bestätigen.

Andreas Erdmann
Eiszeit

Mascha Kaléko und Walter Mehring am 27. Februar 1933 in Berlin

Berlin, 27. 2. 1933

Sie nippte vom Cognac… senkte die Lider, während sie schluckte, dann spähte sie über den Glasrand hinweg und ließ ihren Blick vom Tresen zur Eingangstür schweifen: Es waren erst wenige Gäste im Saal, darunter Studenten, einige Damen aus gutem Hause und solche des leichten Gewerbes. Noch vor ein paar Wochen um diese Uhrzeit wäre das Künstler- und Literatenlokal voller Menschen gewesen…
Die junge Frau stellte das Glas zurück auf den Tisch und sah auf die Armbanduhr: Wo der Herr nur blieb? In knapp zwanzig Minuten würde der politische Dichter, wie angekündigt, mit seiner Lesung beginnen - doch er war noch gar nicht hier eingetroffen… - „Entschuldigen Sie!" - „Ja, bitte?!" Sie drehte sich um, blickte auf: Ein Junge, vielleicht um die zwanzig, in einer alten, ärmlichen Kleidung, wies auf den Stuhl zu ihrer Linken und fragte sie freundlich: „Ist der Platz noch frei?"
„Nur solange, bis Sie sich setzen", sagte sie lächelnd.
„Danke!" Er setzte sich, winkte den Kellner heran und bestellte Berliner Weiße.
-
Der Kellner servierte.
„Zum Wohl!", sprach die Frau, hob den Cognacschwenker und nickte dem jungen Tischnachbarn zu.
„Ja, zum Wohl!"
Ohne zu trinken, setzte sie das Glas wieder ab, sah erneut auf die Uhr – und zum Eingang hinüber. Der Junge betrachtete sie von der Seite: „Darf ich Sie mal etwas fragen?"
„Das tun Sie bereits…"
„Sagen Sie, sind Sie nicht – Mascha Kalenko?"
„Kaléko", verbesserte sie, „mein Name ist Mascha Kaléko."
„Ach, Verzeihung!" Er errötete leicht. „Wissen Sie, ich habe Ihr Bild in

der Zeitung gesehen, und dort war zu lesen, Sie seien Berlins neue Hoffnung für Lyrik."
„Arg übertrieben…", murmelte Mascha, dann ließ sie verlauten: „Ich tue eine schlecht bezahlte Pflicht.
Am Abend schreib ich manchmal ein Gedicht."

Der Junge schmunzelte.
„Nun", erklärte sie ihm, „ich schreibe schon länger für Tante Voss."
„Sie meinen, für die Vossische Zeitung?"
„Ja, und für dieses und jene andere Blatt. Grad eben ist auch mein ‚Lyrisches Stenogrammheft' erschienen… Darin widme ich mich den Dingen des Alltags: Laufmaschen, Halsweh und Eifersucht – un, wissen Se", meinte sie mädchenhaft keck, „ick kann ooch berlinern!"
Da lachte er auf.
„Und was ist mit Ihnen, junger Mann? Ich seh's Ihnen an, Sie sind auch Literat!"
„Na ja, ich versuch's", entgegnete er, neigte sich über den Tisch, „ich heiße Joel und habe begonnen, kleine Geschichten zu schreiben. Veröffentlicht hab ich noch keine."
„Sie sind zum ersten Mal im ‚Romantischen'?"
„Ja, ich hörte, in diesem Lokal sei mächtig was los. Heute soll's hier einen Vortrag geben. Aber wenn ich mich umschaue, scheint mir der Laden recht leer."
Sie seufzte. „Tja, leider. Früher war's anders. Vor einigen Jahren noch saß ich hier inmitten von meinen Freunden und Gleichgesinnten. Der Erich, der Kästner, kam her… auch Joachim Ringelnatz und all die andern."
„Wo sind sie heute?"
„Einer von uns, Klabund, ist gestorben…", sagte sie, hielt kurz inne – wirkte auf einmal sehr ernst und bedrückt: „Und Elschen, ich meine, die Lasker-Schüler, der Kurt Tucholsky und Herwarth Walden sind aus Deutschland geflohen."
„Ach!"
„Sie leben jetzt irgendwo im Exil."
Er schluckte, neigte sich über den Tisch: „Die Tage sind hart…"
„Und wir müssen befürchten, dass sie noch härter werden", sprach sie, blickte ihn unverwandt an, und ihre Stimme färbte sich mit einem bitteren Ton: „Ich möchte in dieser Zeit nicht der Herrgott sein."

Eine Weile lang saßen sie schweigend an dem kleinen Tisch am Rande des Saals. Dann hörten sie ein Geräusch von der Tür, fuhren herum und bemerkten, wie einige Männer mit stampfenden Stiefelschritten eintraten.
„Polizisten…", flüsterte Mascha.
„Ja, und sie tragen die neue Hakenkreuz- Uniform."
Abrupt kamen die Männer zum Stehen. Dreie von ihnen schauten sich um, als suchten sie jemanden unter den Gästen. Ein anderer wand sich dem Wirt hinterm Tresen zu, schlug die Hacken zusammen, hob zackig den Arm: „Heil Hitler!"
„Worum geht es?", fragte wispernd der Junge.
„Weiß auch nicht..." Mascha spitzte die Ohren und horchte zum Schanktisch, von wo sie jetzt einige Worte aufschnappte: „Was führt Sie her?", fragte der Wirt. - „Wir kommen im Auftrag der Staatssicherheit… halten Ausschau nach einen gewissen Herrn Walter Mehring." – „Mehring?" – „Ja, ich habe hier einen Haftbefehl gegen diese Person."
„Was reden sie da?"
„Sie fahnden nach irgendwem…" Mascha wirkte mit einem Mal blass und nervös: Die Polizisten waren beauftragt, den Herrn festzunehmen, der heute Abend zur Lesung einlud! Und Herr Mehring würde jeden Moment zur Tür hereinkommen - sie musste ihn warnen! – Die Frau erhob sich vom Stuhl, nahm ihre Handtasche, lächelte etwas verkniffen: „Herr Joel, ich - ich besorge mir eben mal Zigaretten."
„Wenn Sie eine rauchen möchten…", er griff in die Seitentasche der Jacke und zog ein zerbeultes Päckchen hervor, „ich hab welche dabei!"
„Äh, vielen Dank, gut gemeint… Stecken Sie sie nur wieder zurück! Ich habe da so meine eigene Sorte..." Sie löste sich langsam vom Tisch: „Also bis nachher!" Sodann kehrte die zierliche Frau sich herum und durchquerte den Raum. Sie gelangte zum Tresen, senkte die Augen vor dem Polizisten und rief dem Wirt zu: „Ich geh kurz nach draußen und hol Zigaretten. Bin gleich wieder da!"
Mit wiegenden Schritten bewegte sie sich auf die Tür zu und spürte im Rücken: Der Uniformierte blickte ihr nach.

Kaum kam sie nach draußen, fuhr ihr von der Straße ein eisiger Luftzug entgegen. Ein Flockengewirbel… Brrr! Es war verdammt kalt heute Abend! Sie würde noch mal zurückgehen müssen, sich Schal und Mantel zu holen… Oder nein! Es galt, keine Zeit zu verlieren! Sie nahm zwei Stufen auf einmal und setzte den Schuh auf den knisternden Harsch. Sogleich sah sie: Vor dem Gebäude, zu beiden Seiten des Eingangs, hatten sich S. A.- Leute positioniert. Die trugen schwere Gewehre… - Nur keine Furcht zeigen! Mascha schirmte die Hand vor, kniff die Augen zusammen und sah durch die wirbelnden Flocken die Budapester Straße hinauf: Wo der Herr nur blieb…? Dann ging sie in anderer Richtung, trat vor bis zur Ecke und kaufte sich ein Päckchen Zigaretten am Kiosk.

Was jetzt? - Die Frau verharrte. Sie vernahm Schritte: Jemand kam um den Verkaufsstand… jemand von einer schlanken Gestalt, in Hut und Mantel - mit einem bekannten Gesicht: Walter Mehring!

„N' Abend, da sind sie ja endlich!", sprach sie ihn hinter der vorgehaltenen Hand an.

„Ja, ich bin etwas spät dran für die Lesung."

„Pst! Nicht so laut!"

Er wollte rasch weiter.

„Nein, warten Sie!" Mascha griff ihm in den Arm. „Gehen Sie nicht ins Lokal!"

„Warum nicht?"

Mit einer Bewegung des Kopfes wies sie zum Eingang: „Sehen Sie dort: Die S. A. hat das Gebäude umstellt. Man will Sie verhaften."

„Ach! Ist es soweit…?" Er senkte den Blick. „Ich hatte ja schon mit Brecht und Ossietzky gesprochen. Sie rieten mir dringend zur Flucht. Ich zögerte noch - und nun ist es zu spät!"

„Noch nicht. Sie müssen sofort verschwinden von hier!"

„Ich kehre um…"

„Nein, das ist zu auffällig. Gehen Sie weiter, als wär nichts."

„An der S. A. vorbei?"

„Ja, und stehen wir hier nicht länger herum! Kommen Sie, folgen Sie mir in einigem Abstand!", sagte Mascha und setzte sich schon in Bewegung. Mehring stellte den Kragen des Mantels auf, zog sich den Hut in die Stirn und folgte ihr langsam. Was hatte sie vor? - Er sah, wie sie jetzt schnurstracks auf die beiden bewaffneten Männer zusteuerte – hörte, wie sie ihnen zurief: „Ach, bitte! Ist einer der Herren vielleicht so freundlich, mir eine Flamme zu geben?"

„Sie wollen Feuer?"
„Ja, ich habe mir grad Zigaretten gekauft", sagte die Frau und zeigte die Packung. „Nun finde ich meine Streichhölzer nicht."
In dem Moment kam Mehring heran. Einer der Polizisten bemerkte ihn und tönte plötzlich: „Halt, der Herr! Bleiben Sie stehen!"
„Ja. Was ist?"
„Wohin wollen Sie?", wurde er scharf gefragt, „etwa in das ‚Romatische Café' zu dem Vortrag?"
„Äh nein", gab Mehring zurück, „zu… zu welchem Vortrag?"
„Wohin dann?"
„Ich bin… bin auf dem Heimweg. Komm von der Arbeit."
Jetzt! Jetzt musste etwas geschehen! Wenn Mascha nicht einschritt oder nicht sonst irgendetwas passierte, würde der Polizist Mehrings Papiere verlangen, und dann… Nicht auszudenken… „Also, wenn Sie kein Feuer haben…", sagte die Frau mit einem Mal, warf ihr lockiges Haar auf und setzte den Fuß auf die Treppe.
„Nein, warten Sie, meine Liebe!", meinte da der Beamte zu ihr - und zu Mehring: „Guter Mann, gehen Sie weiter!"
Im Nu zückte der Uniformierte sein Sturmfeuerzeug.
„Wunderbar!" - Mascha, mit einem Augenzwinkern.
„Nur ausnahmsweise", zwinkerte er ihr zurück. „Eigentlich geziemt es sich ja nicht für eine junge Dame, zu rauchen."
„Da haben Sie Recht. Ach ja, das Laster…"
„Hier, hübsches Fräulein!", hielt er ihr die Flamme hin.
„Danke, das ist wirklich sehr freundlich von Ihnen!"
„Oh keine Ursache!"
„Nun muss ich aber rasch wieder rein. Es ist ja so furchtbar frostig hier draußen!"
„Ja, geh'n Sie nur! Nicht, dass Sie sich noch erkälten!"
Sie schüttelte sich, warf dabei einen Blick die Straße hinauf: Mehring war längst in den Flocken verschwunden. Seine Spur verlor sich im Schnee… - „Brrr, ist das ein Wetter!" Eilends nahm sie die Stufen.
-
„Da sind sie ja wieder!", empfing sie der Junge am Tisch. „Sie haben Glück, die Lesung hat noch nicht begonnen."
„Glück?", sagte Mascha mit einem seltsamen Ton in der Stimme. Sie rückte den Stuhl zurecht, setzte sich nieder.

„Ich glaube, der Herr, der den Vortrag hält, ist noch gar nicht hier eingetroffen."
„Ach!? Ist er nicht?", meinte sie, schaute sich um: „Die Polizisten sind immer noch da…"
„Ja, wen die wohl suchen?"
Sie nahm einen Zug von der Zigarette - verspürte auf einmal ein Zittern.
„Frieren Sie?"
„Es geht schon wieder. Ich hätte mir besser Mantel und Schal angezogen, bevor ich hinausging."
„Ist es arg kalt draußen?"
„Ja, dieser Februar ist verdammt frostig!", sagte die Frau. Dann langte sie nach ihrem Cognacglas, schloss die Augen und nahm einen kräftigen Schluck.

Beate Kunisch

Film ab! Die Eisbergspitze

- aah - tolle idee von mir - boa - hab ich das gut hingekriegt - alle unter einen hut - in welchen saal müssen wir denn – o mann - wieso klingelt jetzt wieder das handy -
„Hallo? - Ja, ich hab die Mail heute noch verschickt. Können wir bitte morgen darüber sprechen? Im Moment ist das schwierig. Okay, morgen um 9 Uhr rufe ich Sie an. Auf Wiederhören, Herr Hansen."
- puh - was ein glück - die nachricht ist raus - morgen muss ich unbedingt die prognose bearbeiten - die jannig kann es einfach nicht - dafür kann die was anderes gut - haha - ist die probezeit nicht schon rum -
oho - die tür geht auf - wir können rein - wo ist basti - hab ich die karten - nein - andrea hat sie doch - sie sieht richtig gut aus für ihr alter - mist - hab die auszüge vergessen - macht nix - hol ich morgen - jetzt mal entspannen - schade - kein bier hier - na ja - gleich zu hause noch eins - wie lange geht das hier überhaupt - ich glaub - der film hat überlänge – egal - für bier ist später noch zeit - so viel zeit muss sein - würde axel sagen - seit fünf jahren muss ich ihn ertragen - warum sucht er sich nicht endlich ne andre stelle - ich bin auch schon lange dabei - nächstes jahr jubiläum - wie soll ich das feiern – ob ich dann noch mit der jannig – hauptsache - andrea kriegt nix mit - da ist ja basti endlich - der film fängt an -
toll - die kampfszene ist super - wie die das hinbekommen haben - einfach genial - es war genau richtig - hierhin zu gehen - ich glaube - andrea gefällt es auch - wieso hält sie sich denn die augen zu - und basti - wir haben uns lange nicht unterhalten - wieso findet er eigentlich keine nette freundin - ist doch alt genug - vielleicht gehen wir mal wieder essen - bloß nicht zu dem italiener von letztens – dieser schleimige kellner - dolce vita oder so - lieber zum griechen - das ist immer spitze - nächsten monat - das schlag ich später vor - …

- wieso wollte karl ausgerechnet hierhin - und dann noch so ein film - das reizt mich echt gar nicht - okay - vielleicht wird es besser als gedacht - ist ja

oft so - wann soll ich es ihm bloß sagen - wieso telefoniert der denn gerade wieder - kann er das denn nicht wenigstens jetzt mal lassen - immer die firma - da machen wir mal was zusammen - hängt er wieder an seinem mobiltelefon - toller abend - was sitzt meine hose denn wieder so eng – und meine Haare – müssen dringend gewaschen werden - dann noch so ein martialischer - unsentimentaler actionstreifen - kann es nicht mal ein liebesfilm sein - karl sieht müde aus - wir müssen dringend reden – wie sag ich,s ihm nur -

oh, die tür ist auf - wir können rein - basti wollte noch auf die toilette - wo sind die karten - ach - ich hab die doch – da – loge - platz 11 bis 13 - ist doch okay - ich gehe aber nicht auf die 13 - nee, das mach ich nicht - ich nehme 12 – mhm - jetzt ein eis - nochmal hinten hin - nee - geht auch ohne - bin eh zu dick -

wie soll ich das nur überstehen - wären wir doch nur essen gegangen - zum italiener - wo wir mal waren - netter kellner - das war so schön - da hätten wir uns endlich unterhalten können - ich muss es ihm unbedingt sagen - kein weiterer aufschub mehr - wie lange bin ich jetzt schon mit ihm zusammen - basti ist richtig lieb – dass er noch keine freundin hat - gut - dass die beiden sich öfter treffen - da kommt er ja - dann mal los -

hä - was ist denn das für eine szene – abartig – nee - da kann ich wirklich nicht mehr hingucken - wie kann man dafür noch bezahlen - man müsste mir noch geld geben - dass ich mir das antue - und karl hat es noch gut gemeint - wir müssen nachher reden - vielleicht gehen wir noch etwas trinken - aber ich sollte es ihm schon allein sagen - ich werde ihm vorschlagen - dass wir beide essen gehen - am besten zum dolce vita - bloß nicht zum griechen - da kriegt mich keiner mehr rein - …

- was soll's - geh ich eben morgen mit den jungs ins watergate - muss ja auch mal was mit daddy machen - die idee - hierhin zu gehen - ist ja okay – mist - ich hab die Bücher nicht abgegeben - ich muss noch so viel für die uni machen - ej, papa telefoniert ja schon wieder - kann er das nicht mal lassen - findet seine freundin bestimmt auch nicht toll - wie heißt die nochmal – angelika - keine ahnung - eigentlich ganz nett - im gegensatz zur letzten flamme - er wird echt alt - wie lange wird er leben - mama ist so lange tot - ups, ne sms - hä - was will der denn von mir - keine antwort jetzt - ich geh noch mal zum klo - danach lecker nachos mit scharfer sauce - daddy ist echt spenda-

bel heute – muss man ausnutzen - will sicher großzügig erscheinen vor - wie heißt die denn jetzt - ich kann die doch nicht schon wieder fragen - tolle klos hier - jetzt aber nichts wie nachos kaufen -
daddy ist echt bemüht - dass wir uns regelmäßig treffen - eigentlich ist mir das zu oft - einmal im monat - kann man nicht spontan entscheiden - locker war er noch nie - ich glaub - die heißt andrea - wie lange sind die zusammen - passt gut – äußerlich - beide groß – schlank - beide ne Brille - aber sie ist irgendwie anders als er - wenn er meint -
wow, das geht ja richtig ab hier – krass - das ist ja was für daddy - dann hat er gleich gute laune - vielleicht kann ich dann endlich von stefan erzählen – oder nee - nicht heute abend - am besten - wir gehen mal in ruhe gemeinsam essen - asiatisch fänd ich gut - ob er es ahnt - egal - echt blöd mit den büchern - morgen geht's auch nicht - vielleicht kann stefan die mitnehmen - aber zum griechen - wo daddy so gerne hingeht - will ich auf keinen fall - dolce vita - nee - am besten zum chinesen auf der ecke - ...

Saga Grünwald
Verschleiert

Von Windhänden
sanft berührt
flattert grünes Flickengewand
über der rissigen Haut
narbiger Felswände
Hinab ins Schattental
stürzt fließendes Weiß
todesmutig
um die Blöße des Berges
zu bedecken mit
wehenden
Wasserschleiern

Martina Hörle

Hinauf

Der Berg war gewaltig. Wenn er direkt davorstand und empor sah, war die Spitze nur zu ahnen. Ein Ungetüm von Berg, scheinbar nicht zu bezwingen.

Doch er wollte hinauf, bis ganz nach oben, sich als Sieger fühlen. Dann erst hatte er sein Ziel erreicht. Dann erst würde er Ruhe finden.

Jetzt ging es darum, den richtigen Weg zu wählen. Wie sollte er vorgehen? Es musste unbemerkt bleiben, damit niemand seine Pläne durchkreuzte. Viel zu oft hatte man ihm Steine in den Weg gelegt, ihn gewaltsam daran gehindert, zu tun, was er sich vorgenommen hatte.

Argwöhnisch blickte er sich um. Niemand zu sehen, doch er misstraute dieser Ruhe. Vorsichtshalber ging er bis zur letzten Biegung zurück. Aber auch hier sah er niemanden. Jetzt konnte er sein Vorhaben ausführen. Dieses Mal musste es gelingen.

Entschlossen näherte er sich auf direktem Weg dem Berg. Nur noch ein kurzes Stück. Doch wie aus dem Nichts tauchte sie wieder vor ihm auf, diese riesige Gestalt, und stellte sich ihm in den Weg. Mit beiden Armen ergriff sie das Ungetüm, als ob es ein Spielzeug sei. „Na, Kater, wolltest du wieder auf die Bügelwäsche?"

Andreas Erdmann
Im Rosenbaumwald

Alljährlich, wenn der Mai hereinbricht, erblühen in Nepal die Rosenbaumwälder. Dann färben die Baumriesen der Rhododendren das hohe Bergland am Bhurungdi Khola in Tönen von tiefrot bis rosa und leuchtend hellweiß. Weithin verströmt sich ein herbsüßer Duft auf den Hängen, die Luft ist erfüllt vom Schwirren der Falter, vom Summen der Bienen und Vogelgesängen... Und alles hier gleicht einem Ort aus dem Märchen.

*

Doch als ich im März, auf schlüpfrigen Pfaden, von Birethani aus zu dem Hochtal aufstieg, empfing mich der Bergwald noch feuchtkalt und schroff. Mich überfielen Schwaden von Dunst, und ich sah um mich her nichts als Schatten... Dann aber, mit einem Mal, traten die grauen Gestalten der Rhododendren wie Hünen auf krummen, klumpigen Beinen rings aus dem schwelenden Nebel hervor. Bucklig und nackt, nur mit Moosen und nassen, zerrissenen Flechten bekleidet, ragten die Baumwesen über mir auf und schienen hoch droben mit stämmigen Ästen, die sie, wie Arme, fest ineinander verschränkten, den wässrigen, von einem schweren, dichten Gewölk völlig verhangenen Himmel zu stützen.

Klamm war's... und es wurde kühler, je höher ich stieg. Aus einem Felsspalt, in einiger Tiefe jenseits des Weges, vernahm ich ein Gluckern und Glucksen. Ein Rascheln im Unterholz. Flüsternder Farn. - Oder flüsterte es aus den Bäumen? - Jäh hielt ich inne. Stand da und stützte mich auf meinen Stock, spitzte die Ohren und lauschte: Auf einmal schien alles im Umkreis zu wispern, als spreche der Wald in unzähligen Stimmen zu mir... „Beware, beware...!", entsann ich mich an die Worte des alten Sherpa, der mich heute früh in der Unterkunft warnte: „Beware of the forest!", hatte er mir, in seinem gebrochenen Englisch, gesagt und mir geraten, bei solchem Wetter nicht zu dem Rosenbaumwald aufzusteigen sondern so lange im Dorf zu verbleiben, bis es sich lichte. - Als ich mir dennoch, im Aufbruch begriffen, den Rucksack umschnürte, sah mich der Alte durchdringend an und

meinte, mit zitterndem Ton in der Stimme: „If you pass the forest, beware… of the ghosts!"
„Ghosts?"
„Really, really!", versicherte er: Die Geister, die droben bei Nebel den Bergwald bevölkern, würden die furchtsamen Fremden nicht mögen. - Geister? Oh nein, daran glaube ich nicht! Drum sei ich nicht furchtsam, sagte ich, grinste, bedankte mich noch für den Rat und verneigte mich schließlich nach Landessitte zum Abschied vor ihm. Welch ein Unsinn!, dachte ich so --- doch nun, in dem Wald, war mir nicht mehr geheuer… und plötzlich, ich zuckte zusammen, drang mir aus dem gähnenden Dunkel am steigenden Hang ein heller, gellender Aufschrei ans Ohr. Der Schrei ging mir durch und durch. Ich stand wie versteinert, hörte das Echo weither von den Flanken, fing an zu zittern - und spähte hinauf zu dem Dickicht: Dort kauerte jemand! Dort überm Wurzelstock, zwischen zwei knorrigen Bäumen, gewahrte ich jetzt einen pechschwarzen Schattenumriss, Schulter und Kopf wie die eines Menschen, doch zwergenhaft klein… Und der, der da hockte, regte sich nicht. - Oder bildete ich mir das Wesen bloß ein? - „If you pass the forest, beware of the ghosts!" - Schnell, nur schnell, weiter! Ich griff den Knauf des Stocks fester – erschrak, verharrte gleich wieder, als aus dem Geäst über mir auf einmal ein schrilles Gelächter erschallte! Mir jagte ein eisiger Schauer den Rücken herunter... Zögernd hob ich den Kopf in den Nacken: Ich sah etwas Helles schräg über mir in den Schatten aufblinken. Schon blickte ich unmittelbar in ein weit aufgerissenes Augenpaar! Wahrlich, ein Waldgeist! - In dem Moment, da! Ein Geräusch mir im Rücken! Knackende Äste… Ich schnellte herum und meinte auch dort hinterm Distelgesträuch zwei kreisrunde, rollende Augen zu sehen! Dann zwischen den Felsen – und drüben im Bambus… Augen um Augen! - ‚Fort!', schoss es mir durch den Kopf: ‚Fort von hier, fort! Der Wald hat Gesichte! Gesichte!' - Ich preschte drauflos, rutschte ab, fing mich wieder und stolperte weiter auf klackernden Steinen. Es ging steil bergauf, und der Dunst wurde zusehends dichter und dichter. Ich stieg durch die Wolken. Bald tappte ich blindlings am Stock - und rings um mich lautes Gelächter, ja Kreischen mitunter - und Schreie, Schreie von überall her! Dann diese Augen! Und eine Fratze aus nächster Nähe, furchtbar verzerrt, glotzte mich an… Ein Hauch mir im

Nacken! – „Hee!" Etwas streifte mich – da! Ein Arm griff nach mir...!

*

Über den Wolken. Die Nebel zerstoben, die Luft hell und klar... Der Spuk war vorbei; ich sank erschöpft am Wegesrand nieder. Drunten der Wald war in Schwaden versunken, und über mir wirkte der Steig, der zum Pass empor führte, mit seinen steilen steinernen Stufen wie eine Treppe, die sich in Windungen höher und höher hinaufschwang, hinein ein leuchtendes himmlisches Blau.

Mit einmal bemerkte ich jemanden, der droben hoch aus dem flimmernden Licht stieg. Ein junger Nepali bewegte sich dort vom Ende des Steiges herunter, leichtfüßig und mit federnden Schritten - obzwar er schwer an der Last einer Kiepe zu tragen hatte.

„Namasté!", rief mir der Junge von oben her zu. Ich erhob mich und grüßte zurück: „Namasté!" Ich grüße die Gottheit in dir!

Rasch kam er heran, nahm die letzte der Stufen und schob sich sodann auf dem schmalen Felsvorsprung an mir vorüber, wobei er sich mit gefalteten Händen vor mir verbeugte. Freundlich erwiderte ich seine Geste.

„Heaven ist waiting for you", sagte er strahlend, deutete mit seiner Gerte zum Pass.

„And you, you'll go down, through the forest?"

Er nickte. „Ho, ho."

„Then... beware of the ghosts!"

„The ghosts!?" Ungläubig sah er mich an, murmelte: „Budschina, kahan, yo ke ho?"

Da wies ich hinunter zum Wolkengebilde. Der Junge lachte: „Hoina... I'm not afraid of the ghosts!"

Na, er ist hier heimisch, sagte ich mir, wohingegen ich zu den Fremden gehöre, denen die Waldgeister übel mitspielen...

Er wand sich zum Gehen. „Bye, bye, Mister!"

„Namasté!", sagte ich und sah ihm noch nach, wie er flink, mit dem Korb voller Holz auf dem Rücken, den Pfad hinab schritt, bis er unter mir in die Wolken eintauchte. Dann fuhr ich herum, machte mich an den Aufstieg.

*

Oben angelangt, stand ich staunend und stille, und alle Gedanken verstummten schlagartig. Der Ausblick, der sich mir hier auf der Pas-

shöhe darbot, ist nicht in Worte zu fassen... Wie könnte ich die Weite der Landschaft beschreiben, in der sich der Himalaja vor mir, zu meinen Füßen erstreckte? Wie diese uneinsehbare Tiefe der zahlreichen, hintereinander geschichteten Schluchten und Täler mit ihren wolkig verschleierten Gründen, aus denen heraus sich, erst buschig und grün, dann, höher, felsgrau und leuchtend hellweiß die Flanken erhoben, worüber sich urgewaltig die Berge in Höhen von über achttausend Metern zum Himmel auftürmten… Und wie, mir zur Rechten, die unermessliche Größe der Annapurna im strahlenden Weiß ihrer Gletscher und Felder von Eis und Schnee – und darüber, königlich wie eine Krone und golden und gleißend, im flammenden Feuer der Sonne aufblitzend, der mächtige Gipfel des Dhaulagiri.
*
Am Abend, nahe bei Sikha. Im flackernden Schein einer Butterlampe, auf dem Lehmboden nahe der Kochmulde im Kreise der Herbergsfamilie sitzend, vor einer großen Schüssel Daal Bhat: Kartoffeln mit Linsen gibt's (fast wie daheim) und Reis und Hühnchen in feuriger Tunke…   Während wir unsere Mahlzeit einnehmen, spricht niemand ein Wort. Lhamo, die einzige Tochter des Hauses, lächelt mich an und beobachtet mich, wie ich, ungeübt, mit den Fingern der rechten Hand die Portionen auflese und sie von der Schüssel leicht zittrig zum Mund führe. Lobsang, der Hausherr, fasst einmal mich, dann Lhamo ins Auge, schmunzelt und zwinkert uns zu.
Nach dem Mahl schenkt die Hausherrin Buttertee aus. Die Großmutter, eine steinalte, gänzlich zahnlose Frau, zieht sich zurück vor die Tür: Sie sitzt auf den Steinen, umfunkelt von tausenden Sternen, und raucht - wie ich rieche – Marihuana.
Die alte Ahne hocke dort Abend um Abend, spricht Tsering, der älteste Sohn, in Englisch zu mir. - Tsering ist Mönch, zu Besuch aus Mustang - und er wirkt trotz seines Gewandes im heiteren Rot jetzt etwas bedrückt, als seine Großmutter leise, mit summender Stimme zu singen anhebt. Sie leide an Heimweh, erklärt er, und schaue voll Sehnsucht gen Norden, zu jenem Berg, auf dessen Gipfel die Gottheiten thronen.
Was mit dem Berg sei, frage ich ihn. Dahinter liege das Land… das Land, aus dem sie vor über einem halben Jahrhundert – er zögert, spricht weiter - vor einer brutalen Armee fliehen musste.

„Tibet!"
Er nickt. Ja, sie seien Tibeter. Sie seien, wie ich, nur Fremde in Nepal, sagt Tsering im bitteren Ton, seufzt noch – und fasst sich urplötzlich. Er wechselt das Thema, meint scherzend zu mir: „And you'll climb on top of the Dhaulagiri?"
„O no, I'm only a wanderer…"
„You came, by the way, through the forest?"
Ich bejahe, erzähle ihm von meinem Weg durch den Rosenbaumwald und von den Geistern, die mir im Waldesinneren so übel mitgespielt hatten. - „Ghosts in the forest!" Er stockt.
Eine Weile lang Schweigen. Anschließend wechselt er Worte mit Lobsang und Lhamo in ihrer Sprache. Die Beiden beginnen zu kichern. Die Hausherrin lacht – und die greise Frau vor dem Hauseingang dreht ihr Antlitz herein, und es platzt regelrecht aus ihr heraus, wie sie mir, herzhaft, laut zuprustet: „Ma… Ma… Macaques!"
„Macaques?"
„Ho!"
„Ah, Macaques, Maquaques…" Makaken… Affen bevölkern den Rosenbaumwald! – Erleichtert atme ich auf und stimme ins frohe Gelächter mit ein.

Beate Kunisch
Haiku

Steinige Klippen
Ragen aus stillem Wasser
Wolkenlosigkeit

Saga Grünwald
Die Melodie

Als ich am frühen Morgen meinen Aufstieg begonnen hatte, war das Wetter sonnig und klar gewesen, doch im Laufe der Stunden war ein dichter Nebel aufgezogen, der sich über die Welt legte und bleiche Tücher zwischen die Bäume und Büsche webte. Ich konnte kaum erkennen, wohin ich meine Füße setzte, suchte den Rückweg ins Tal, musste mir jedoch irgendwann eingestehen, dass ich mich verirrt hatte. Was sollte ich tun? Im dichten Nebel war es unmöglich, den Weg zurück zu finden. Stunde um Stunde irrte ich durch den Wald. Die Bäume streckten ihre kahlen Astfinger nach mir aus, schwarz und knochig ragten sie aus dem totenweißen Dunst.
Plötzlich hörte ich eine Melodie. Ich hielt inne. Sollte ich doch noch den Weg ins Dorf gefunden haben? Oder war ich wenigstens auf eine schützende Siedlung gestoßen? Es war der Klang einer einzelnen Geige. Sie spielte eine traurige Weise, die zart durch den dichten Nebel hallte.
Die Melodie schien mich magisch anzuziehen. Ich folgte ihr, setzte Schritt vor Schritt. Mit einem Mal tauchte vor mir der Schemen einer Burg auf. Die Musik schien aus diesen halb verfallenen Mauern zu klingen. Ich ging näher, die Ruine schälte sich aus dem Dunst und dann stand ich vor dem Tor. Mit vorsichtigen Schritten betrat ich die Burg. Langsam überquerte ich den Burghof. Die Melodie lockte mich zum alten Turm. Als ich ihn betrat, zitterten mir die Knie. Eine eigenartige Spannung hatte mich ergriffen. Stufe um Stufe stieg ich die ausgetretene Steintreppe hinauf. Die Musik wurde lauter. Vor einer massiven Holztür blieb ich stehen. Ganz deutlich konnte ich nun das Geigenspiel hören.
Mit bebenden Fingern griff ich nach dem Türknauf. Die Tür gab nach und langsam schob ich sie auf. Ein eiskalter Wind wehte mir entgegen. Die Musik verklang mit einem Misston.
Dann stand ich da und schaute ins trübe Zwielicht der kleinen Kammer.
Der Raum war leer. Nur eine alte Geige lag verstaubt auf dem Boden.

Kay Ganahl
Die Systemklempner
Oder: Invasion der kleinen Berge

Eine völlig ernst gemeinte Cyberstory

Im Jahr 2066. Ein deutscher Stützpunkt der Wissenschafts-Org „European Plan X".
Annabelle, eine jugendlich wirkende Neunzigjährige, blieb vor dem System stehen, das sich selbstständig gemacht hatte. Sie war ganz baff. „Das habe ich noch nie zuvor gesehen!" stellte sie lauthals fest, dann bewegte sie sich kurz zu Ottokar hin, dessen aufgerissener Mund von seinem Staunen zeugte.
„Es wird uns verschlingen!" rief er panisch. Jetzt wussten sie nicht, was gegen das aussetzende System zu tun war. Alarm zu geben war momentan nicht möglich, denn dies versagte das System beiden Administratoren, die übrigens auch erst seit ein paar Monaten vor Ort ihre Stellung angetreten hatten, insgeheim lieber woanders arbeiten würden.

Ottokar – knapp 70 Jahre alt, im hellgrünen Dress und unter einer platinblonden Langhaarperücke verborgen –, kroch schnell vor den überdimensionalen Wandbildschirm, um dann mit dem Automatismus des Sich-Konzentrierens in Notsituationen all die winzigen Berge, die abgebildet waren, zu zählen.
„Sehr viele sind es, alles Zählen ist vergeblich!" rief er Annabelle zu, die inzwischen aus der Distanz von einigen Metern die ganze Fläche des Bildschirms zu erfassen meinte. „Meine Vorstellungskraft streikt angesichts dessen …!" fügte er an.
Ottokar weiter: „Die Contra-Burg der Vereinigten Staaten hat angefangen, uns zu bekämpfen. In der Burg sitzen die Systemklempner und üben sich darin, immer neue Cybergags gegen uns zu erfinden!"
„Das sieht danach aus, Ottokar!" so Annabelle, die jetzt als Ottokars Stützpunktvorgesetzte der Wissenschafts-Org um Selbstbeherrschung kämpfte. Sie sprang in ihren roten Schalensessel und stierte

unter die tief hängende Decke, unter der breitflächig Spiegel angebracht waren. Binnen weniger Momente der Hochspannung war sie bewusst in eine Phase der Apathie geschlittert. Sie grinste sich in den vielen Spiegeln an ... „Selbst ich weiß nicht, warum uns in der Contra-Burg so viele verachten und alles tun, was die Führung der Vereinigten Staaten will – unkritisch, willfährig! Deren Hierarchie funktioniert."
Ottokar nickte. Sie wussten um diesen üblen Zusammenhang.

Beide Systemadministratoren waren für Notsituationen geschult worden. Die gerade ablaufende hätten sie für fast unmöglich gehalten, wenn sie sich dieselbe auch nur vorgestellt hätten. Sie gefährdete alle und alles -
Diese kleinen Berge nahmen ein immer höheres Tempo auf. Völlig unberechenbar waren sie, drohten sie doch auch, einfach aus dem Bildschirm zu springen. Keiner konnte wissen, zu was sie wirklich imstande waren. Wenn sie Annabelle und Ottokar virenmäßig befielen, wäre dies vielleicht der Tod für beide!
Kriminelle Sphäre sprang in wissenschaftliche Sphäre über.

Der nun durchaus konzentriert vor dem riesigen Bildschirm hängende Ottokar, für den dies alles andere als Spiel oder Scherz war, obwohl er ja gern alles als Scherz oder Spiel genommen hätte, schaute durch sein in die Augen implantiertes Control- und Analysis-Lens auf einen der kleinen virtuell erzeugten, doch auch extrem realen und gefährlich aktiven Berge mit einem: „Uns steht die Hölle bevor. Sie bewegen sich, sie bewegen sich – die Burg auf dem Berg an der Wü will uns ein schreckliches Ende verpassen!" Und Annabelle merkte kurz auf. Die Gefahrensituation musste schnellstmöglich beendet werden! Und Annabelle hatte zur Beherrschung der Situation die Initiative zu ergreifen - !
Es galt ihr auch, ihre Führungsrolle weiterspielen zu können. Deshalb sprang sie plötzlich zu Ottokar rüber, riss ihn vom Bildschirm fort.
„Heee!" schrie er wütend auf, als wäre Annabelle seine Feindin. Annabelles Entschlossenheit und Tatkraft waren wieder da - Ottokar fehlte für Momente die Orientierung im Raum. Der Berge gefährlich-ausdrucksvolle Aktivität, um sich im Systemraum antihuman zu realisieren, wurde von jetzt an durch Annabelle direkt bekämpft.

„Dagegen, dagegen!" schrie sie Ottokar an. Der erbleichte. Was passierte überhaupt? Nur ein technischer Breakdown konnte es nicht sein, auch nicht so ein Cybergag, der eben mehr ein Spaß war.

Die Invasion war zunächst zurückgeschlagen worden. Das digitale Gesamtsystem wurde nämlich durch Kappen der Stromzufuhr zum Stillstand gebracht. So war es praktisch sofort möglich, nach der Fehlerursache dieser zugleich todernsten als auch komisch-absurden Invasion der kleinen Berge zu suchen. Die Kompetenzen dazu hatten sowohl Annabelle als auch Ottokar. Die Hilfskraft Kuno wurde hinzu gerufen. Dieser hatte die Szene aus seinem Office im Untergeschoss beobachtet, wo er hauptsächlich die Server zu überwachen hatte, was er gar nicht mochte.
„Was ist bloß los, Leute?" fragte er, locker wie immer, in den Systemraum hinein, wo inzwischen die anderen nachdenklich in ihren Schalensesseln saßen.
„Diese komischen Berge sind nicht mehr da, weil wir alles abgeschaltet haben. Alles ist auf Notstrom", so Ottokar.
„Das habe ich auch schon mitbekommen, Ottokar!" sagte Kuno. Er schüttelte den Kopf.
Annabelle zu Kuno: „Kein Wort, wir müssen nachdenken! Wir werden von außen angegriffen!"
Kuno stand grübelnd neben ihr. Er war mit seinen 53 Lebensjahren die jüngste Systemkraft des Stützpunkts, aber nicht sehr kompetent. Zum Problemlösen galt er als ungeeignet.

Etwa eine Stunde später.
Der allgemeine Systemalarm für die ganze Wissenschafts-Org war immer noch nicht gegeben worden. INZWISCHEN wäre er von hier aus technisch durchführbar gewesen, doch Annabelle schreckte davor zurück. Sie wollte keine allgemeine Panik. Ihr Gesicht wies Spuren der höchsten Anspannung auf. Alles war ungewiss. Alles musste geklärt werden. Ein Problem jagte das nächste, aber alle waren auf die kleinen Berge zurückzuführen.

Annabelle erlangte durch Nachdenken Klarheit darüber, dass die Machenschaften der Contra-Burg wirklich nur darauf ausgerichtet

sein konnten, der „European Plan X", ihrem Arbeitgeber, massiv und bedenkenlos zu schaden. Deshalb dieser Angriff!
Sie stellte gegenüber Ottokar und Kuno fest: „Wir sind hier, die jedoch hocken in ihrer Burg und wollen uns vernichten, auch wenn das nicht öffentlich gemacht wurde. Der Cyberkrieg ist uns mittels dieses Berg-Virus erklärt worden. Das ist der Cyberkrieg, den wir ja nicht wollten und nicht wollen. Doch er ist einfach Tatsache! Hierauf nickte Ottokar.

Verschiedenste, meist eher unauffällig kleine Feindseligkeiten hatte es schon immer gegeben. Die Wissenschafts-Org „European Plan X" hatte sich in ganz Europa breitgemacht und kannte keine Grenzen: auch nicht vor Menschen, die sich möglichst unbeteiligt und außerhalb der Vereinigten Staaten von Europa halten wollten. Die Wissenschaften waren pro forma ganz in den Dienst der Vereinigten Staaten von Europa gestellt worden, - jegliche Privatisierungsbestrebungen innerhalb Europas wurden zunichte gemacht. Aber auch und besonders die Stützpunktler Annabelle und Ottokar wollten sich von diesen Vereinigten Staaten nichts befehlen lassen, wollten nur „European Plan X" gegenüber loyal sein und bleiben! Dies war ihnen sehr wichtig.

Stand der Dinge: Das System blieb ausgeschaltet – bis auf Weiteres … der Systemalarm blieb aus, offizielle Meldungen und Mitteilungen an die Zentrale der Wissenschafts-Org in Butzenheim genauso. Umgekehrt auch, Anfragen konnten nicht bis zu Annabelle kommen. Ihr Stützpunkt war also „auf Tauchstation". Über die innersystemischen Kommunikationskanäle unerreichbar für alle! Das war kein Zustand auf Dauer!
Die drei Systemadministratoren strebten endlich ausgesprochen genervt nach Hause. Annabelle hinterließ nicht einmal für die Eventualität irgendeine Nachricht im Stützpunkt. Sie gingen an saftigen grünen Wiesen vorbei, dann auf holprigen Waldpfaden bis zur Heimstatt ihrer manchmal erfolgreichen, manchmal erfolglosen Cybergegenwart.
Kuno, Ottokar und Annabelle fanden nach Hause, wo sie unbehelligt aufenthalteten.

Tage später befand sich Annabelle allein in ihrem heimischen Panikraum, wo sie sich weitgehend sicher wähnte. Plötzlich wurde sie von dem Gedanken daran erheitert, dass Kritik an den Vereinigten Staaten, den VerEur, wie sie im Volksmund scherzhaft hießen, die Wissenschafts-Org beträchtlich aufwerten werde. Diese Organisation hieß bei Annabelle immer „...*unsere* Wissenschafts-Org". Bei ihr Beschäftigte wie Annabelle wollten Unabhängigkeit und Freiheit für die Wissenschaften zurück, eben nicht viel länger so ein verlängerter Arm eines Großstaates sein, den sowieso viele seiner Bürger verachteten. Er war nämlich zu einem Koloss der staatlichen Macht verkommen – viele Bürger meinten, unterdrückt zu werden. VerEur sei tyrannisch und rücksichtslos gegen die eigenen Bürger! Wissenschaftliche Führungskräfte wie Annabelle hofften deshalb schon geraume Zeit darauf, dass ihre Wissenschafts-Org zu einer Befreiungs-Org für die unterdrückte Wissenschaftsgemeinde Europas sowie für einige aufmüpfige Bürger werden würde.
„Lange darf es nicht mehr dauern ...!" murrte sie jetzt gegen die übersichtliche, leicht bedienbare Systemsteuerung im Panikraum an. Hier war sie immer öfter. Dieser Raum vermittelte Annabelle ein Gefühl der Geborgenheit.

Ottokar kam heute zu Besuch. Annabelle empfing ihn positiv – willens, Gespräche zu führen. Er war allerdings wegen der misslichen Lage, in der sich der Stützpunkt befand, schlecht gelaunt. Es ging alles sehr, sehr weit! Die Psychen litten. Die Systemklempner der Contra-Burg, früher einmal „Schloß Burg", waren in Ottokars und Annabelles Bewusstsein eingedrungen. Durch manche trübe Gedankengänge gehetzt, gesellte sich Ottokar neben Annabelle.
„Wir werden vielleicht dauernd überwacht, wer weiß, was die tatsächlich tun ... jedenfalls sind wir in diesen Tagen außerhalb, weit außerhalb jeder Einflussmöglichkeit", so fasste Ottokar eine Vermutung in Worte.
Annabelle knabberte an einem gesundheitsschädlichen Nuss-Schoko-Riegel, lehnte sich an der hellgrünen Wand hinter sich an – lächelte vor sich hin. Ein Surrton irritierte sie kurz.
„Ach ja ... die kleinen Berge machen uns fertig, kann man wohl sagen. Sie haben uns vertrieben vom Arbeitsplatz! Das hätte für die Contra-

Burg nicht besser laufen können!"
Und Annabelle schlug auf des Sitznachbarn Schulter. So ein paar Minuten lang saßen sie wortlos nebeneinander.

Dann legte Ottokar richtig los: „… eine praktikable Lösung muss uns einfallen. Es grenzt an ein Wunder, dass unser Stützpunkt nicht zerstört wurde. Oder ist er … weg …?! Jedenfalls hocken wir verhärmt in unserer erzwungenen Freizeit …"
Annabelle: „Gut, dass ich meinen Panikraum zuhause habe. Wir müssen elektronisch ohne jedwedes Kommunizieren bleiben, sonst werden uns die kleinen Berge auch hier und jetzt innerlich wie äußerlich infiltrieren und … wage es kaum auszusprechen: aushöhlen!!!! - Alles muss abgeschaltet bleiben, alles … alles!"
„Ist schon klar, Annabelle!"
„Möglicherweise fällt mir die rettende Lösung bald ein, dann werden wir …" so meinte sie.
„Annabelle, daran … wirklich … glaube ich nicht!"
„Wieso?" fragte eine Annabelle, die immerhin noch an ihre Fähigkeiten und Chancen zur effektiven Gegenwehr glaubte. Sie vermeinte sich weiterhin – obwohl in den letzten Jahren einige Weltnachrichten anderes sagten – mitten in einer Welt voller positiver Möglichkeiten der Technik, die grenzenlos ist. Immer war für sie ein Weg zu finden! Keine Hürde war für sie zu hoch. Immer noch?!
Gerade war Annabelle aufgestanden, um sich körperliche Bewegung zu gönnen; von den schweren Gedanken für ein paar Minuten abzusetzen. Alsdann würde sie nur schneller und rationaler denken können, hoffte sie. Verzweiflung niemals! „Immer ist vieles möglich, wenn nicht alles!" gab sie von sich, als sie Ottokar in die Augen guckte. Er zog seine Stirn in Falten. Er hätte gerne einmal mit ihr diskutiert.

Schließlich Annabelle: „Ich glaube, dass uns die Systemklempner total vernichten wollen, aber so, dass es keinem auffällt. Wir krepieren isoliert. Fernab, obwohl wir hier mittendrin sind …!" Sie setzte sich hin. Um sich schnell hinzulegen. Sie wurde beobachtet von einem Ottokar, der am liebsten brüllend aus dem Panikraum raus gerannt wäre. Er nahm sich zusammen. Gegenüber Annabelle spürte er einen Verlust an Respekt und meinte, sie einmal unter Druck setzen zu sollen.

„Ach Annabelle, die machen uns fertig!" äußerte Ottokar mit ironischem Unterton. Er legte sich neben sie.
Erhellend sprach Annabelle, während sie behutsam über ihr schönes, langes und doch so schwarzes Haar strich: „Ich werde vielleicht an Gewaltmaßnahmen denken." Ottokar sprang wütend auf und schlug die Hände über dem Kopf zusammen. Annabelle riss ihn sofort zu Boden. Dann lagen sie stundenlang schweigend nebeneinander. Sie verloren sich in trüben Gefühlen und schrecklichen Gedanken, suchten sich selbst zu beherrschen.
War das auszuhalten? Die Aussicht, im Panikraum den Rest des Lebens zu verbringen, schien gänzlich absurd zu sein.

…

In einer späteren Nacht. Es war eine dieser Nächte, die von Menschen lieber vergessen werden, wenn sie einmal zufällig an sie denken. Viel war passiert. Annabelle lief zügig auf einem Pfad, nachdem sie ihr Heim verlassen hatte. Ottokar schlief wahrscheinlich. Er war ihr nur noch lästig. Die Zeit der Isolation war nicht vorüber, - offensichtlich gestaltete sich inzwischen alles so, dass nur die pure Natur Rettung vor dem brennenden Cyberübel versprach. Hier draußen war Ruhe. High Tech-Bedrohung konnte Annabelle gerade nicht erkennen. Sie hüpfte über ein paar Wurzeln, als ein alter Doppeldecker niedrig über ihr kurvte. Gefühle der Sentimentalität leistete sie sich in den letzten Tagen verstärkt.

Keine Nachrichten, aber sie ging. Keine Kommunikation! Aber Annabelle ging durch die Nacht. Seltsame Fortbewegung. Sie verlor sich im Dunkel, stieg aber in sich selbst …
Sie war in Monaten um Jahre gealtert, wollte aber gerade jetzt die Phase der Grübelei, des Selbstzweifels, der Wut und des Hasses los werden – somit endlich wieder frei und ohne diese Belastungen sein, die ihr die Contra-Burg auferlegte.
„Weg, einfach weg mit allem!!!" rief sie gegen Bäume, die sie umgaben, an; kam sich dabei ziemlich lächerlich vor.
Dann dachte sie daran, dass der richtige Ausbruch aus der Situation vielleicht nicht wirklich möglich wäre. Sie suchte einen Sitzplatz in

der Natur. Gefällte Bäume gefielen ihr, so setzte sie sich auf sie und betrachtete das Himmelszelt. Es kam ihr so vor, als wäre sie allein auf der Welt. Vielleicht war sie auch allein, vielleicht …
„Keine Welt in mir, um mich herum! Ich habe das Gefühl, dass außer mir kein Mensch mehr existiert!"

Martina Hörle
Vorbei und doch ewig

An diesem kalten Wintermorgen wandere ich am Fuß des Berges entlang. Bei jedem Schritt knackt der über Nacht gefallene Schnee. Der Himmel leuchtet in einem tiefen Blau und Sonnenstrahlen bringen die Eiskristalle zum Glitzern. Tief atme ich die frische Luft ein und fange mit der Zunge die leise herabschwebenden Schneeflocken. Jäh kommt heftiger Wind auf und bringt dunkle Wolken mit. Das Himmelsblau verwandelt sich schnell in ein schmutziges Grau. Dicke Regentropfen ruinieren die weiße Schneedecke. Nass und frierend komme ich wieder zu Hause an.

> Seit ewiger Zeit
> steht er da - Riese aus Stein.
> Unbeugsam und stark.

Karla J. Butterfield
Die Walliser Alpen

Meine Freundin Elise lebt in einem vornehmen Anwesen in Genf. Elise heißt sie, weil sie das fünfte Kind der Familie ist. Der erste heißt Alain, die zweite Babette, der dritte Cécile, die vierte Dianne, dann Elise und als letzter Frederic. Diese Familie hat noch mehr auf Lager aber nun zu Elise. Sie ist Tänzerin, was sonst, könnte aber auch Clownin oder Schauspielerin sein, spricht fließend fünf Sprachen, dazu eine Gebärdensprache. Mit ihr ist es immer besonders, so wie in einem Film. Ihr größtes Talent ist, Menschen anzusprechen. Ob an der Kasse, im Restaurant, auf der Straße, im Geschäft. Sie spricht alle an. Ich stehe dann etwas abseits und bewundere sie. Ihrer Tochter ist sie peinlich. Sie scheut sich auch nicht, in jede auch so teure Boutique einzutreten, alle Kleider anzuprobieren und nichts zu kaufen. Trotzdem verabschieden uns alle Verkäuferinnen mit einem Lächeln und rufen: „A bientôt, Mesdammes!" Mesdammes! Elise sieht tatsächlich sehr schick aus, obwohl ihre Devise lautet: Nur im Secondhand einzukaufen und nichts über 15 Franken.

Sie hat auch das Glück, stets von irgendwelchen Freunden eingeladen zu werden. Sie bekommt die Eingangs-PIN einer Familie, um in ihrem Swimmingpool zu planschen, während diese in ihrem Sommerhaus in Ägypten weilt. Wohin sie auch fahren möchte, ist ein Haus oder Appartement für sie bereit. So wurden auch wir in ein Häuschen in den Walliser Alpen eingeladen. Die Besitzer befanden sich gerade in Guatemala.

Am 1. August, dem Nationalfeiertag der Schweiz, fahren wir von unserem Häuschen aus nach Crans-Montana, schauen uns den Tanz mit der Schweizer Fahne an und grasen dann alle offenen Boutiquen ab. Meinen Mann im Schlepptau. (Mir zu Liebe würde er nie hineingehen, aber Elise ist ein Magnet.) Natürlich werden alle Verkäuferinnen angesprochen und sie genießen es. Mit einem Lädchen begrüßt uns in einer diese Boutiquen eine imposante schwarze Frau mit einem orangen Turban auf dem Kopf in einem engen roten Kleid. Sie klimpert mit ihren goldenen Armreifen und zeigt uns ihre strahlend weißen Zähne. Im Laufe des Gesprächs kommen wir von Kleidern über Politik und Gastronomie auf die Männer zu sprechen. Ich behaupte, dass die Männer in Deutschland sich über ihre Autos identifizieren und je nach Marke gegenseitig einschätzen. Die Verkäuferin lacht und meint: „Bei uns in Afrika, ist es die Kuh." Das wäre für die Männer das Wichtigste. Und sie fängt an inmitten aller der ausgestellten Kleider, den Cow-Dance zu tanzen. Sie schwingt ihre Hüfte, verdreht die Hände zu Hörnern und tanzt. So bezaubernd, wie nur Frauen aus Afrika tanzen können. Wir tanzen natürlich mit. Dann kommen noch mehr Frauen aus ihrer Familie und der ganze Laden wackelt.

Natürlich kaufen wir nichts, aber verabschieden uns wie beste Freunde. Bis zum Abend wird dank Elise der Tanz im ganzen Städtchen bekannt. Später dann vor unserer Hütte in der Abgelegenheit und Einsamkeit der Berge schwingen wir noch einmal die Hüfte. Aus dem Nichts vor einer Kapelle mit dem Hintergrund der weißen Gipfel erscheint eine andere Afrikanerin, diesmal aus dem Kongo, und meint, sie kenne den Cow-Dance nicht, aber zeigt uns dafür den Alligator-Dance. Ja, den können wir jetzt auch, dank Elise.

Andreas Erdmann
'Ne Scherbe

'Ne Scherbe. 'N kleines Stück Steingut, aufgelesen am Wegesrand. Von rundlicher Form, mit Erde behaftet.... darunter schimmert es weißlich und blau... wohl ein Zwiebelmuster.... Wahrscheinlich von einer Tasse.
„Wirf doch das alte Ding weg, mein Junge!", höre ich Großvater sagen.
„Ja, ja", erwidre ich zögernd, drehte die Scherbe zwischen den Fingern, schließe sie fest in die Hand.
Wir hatten den rauschenden Flusslauf im Rücken und folgten dem steinigen Pfad, der uns steil bergan aus dem Talgrund führte. Es ging durch den Wald; und droben am Hang, in einiger Ferne, zwischen den blühenden Zweigen vom wilden Holunder, zeigten sich pechschwarze Balken in Vierecken, Dreiecken, Kreuzen mitunter, welche die Flächen von Fachwerk umrahmten: Schmutziges Weiß mit Spuren von Bläue – und teilweise, wo die Fächer zerbrochen waren: Gelbbrauner Lehm und Streben von Zweigen, durchflochten von Stroh.
„Opa, wer wohnt' n da?", wollte ich wissen.
„In dem uralten Fachwerkhaus? Mitten im Wald?", lachte er,. „hah, da wohnt heutzutage bestimmt niemand mehr!" Dann begann er zu keuchen - hielt an, zu verschnaufen. Er stützte sich auf seinen Stock und sprach zu sich selber in seiner alten Heimatsprache, von der ich kein Wort verstand: „Enee, Oberam, et geiht nit mieh su! Kortbörschteg bößte, on hüörsch alt tem aulen Iser."
„Gehen wir!", sagte er nach einer Weile..
Die Bäume sprangen zurück in das Holz, und wir stiegen nun, von Stein zu Stein, eine ausgetretene Treppe hinauf. Oben angelangt, trat man auf knirschende Asche... Der Weg führte über den Hof. Vor dem Fachwerkhaus lagen versprengte Schindeln im Gras: Blutrote Flecken im leuchtenden Grün... Und oben im Dachstuhl des Hauses riesige Löcher. Daraus lugten Balken und Latten hervor – Latten wie Rippen – Rippen wie von einem Knochengerippe.
„Komm, lass uns weiter geh' n!", drängte Großvater.

„Warte!" rief ich ihm vom Hauseingang zu. Der Treppenstein war bemoost. Die Haustür darüber mit Brettern vernagelt. Daneben, zwischen zwei grünen Schlagläden, von denen die Farbe abblätterte, gab es ein Fenster, zusammengefügt aus sechs kleinen Scheiben. Sprünge im Glas... Im Fenster Gardinen, arg schmutzig... und Vorhänge mit einem seltsamen Muster von großen Blumen in Orange und Lila: „So war es damals modern", erklärte Großvater, der an meine Seite getreten war, „in den siebziger Jahren. Da warst du noch gar nicht geboren, mein Kind!"
Ich stellte mich auf die Zehenspitzen, drückte das Kinn auf die Fensterbank: „Bist du sicher, dass hier niemand wohnt?"
„Na ja, vielleicht hausen Geister darin... Boschmänneker."
„O Opa!"
„So geh'n wir rasch weiter!", zog er mich zurück auf den Aschenweg. Nach einigen Metern zeigte er auf eine Anhäufung Ziegelsteine: „Dort stand mal ein Klohäuschen."
„Klohäuschen?"
„Ja jo, liëwen Jong, so was kennst du nicht mehr. Früher, als sich die Menschen noch aus dem eigenen Garten ernährten, brauchten sie so ein Häuschen mit Grube. Sie brachten den Grubeninhalt auf die Beete."
„Wozu?"
„Zum Düngen. Das war eine Wissenschaft für sich..."
Zum Hofausgang hin entdeckte ich, hinter hochaufgeschossenen Brennnesseln, eine Menge von morschem Holz: „War das auch so ein... Häuschen?"
„Nein, dort standen Ställe", erklärte der Mann. „Darinnen gab's Hühner, Kaninchen, sogar eine Ziege."
„Eine Ziege - woher weißt du das?"
„Woher ich das weiß...?" Mit einem Mal hielt Großvater inne. Er neigte das Haupt, schlug die Augen zu Boden und schluckte. „Ach, weißt du, mein Junge", seufzte er dann, und seine Stimme färbte sich dunkel, „ich weiß es halt. Bitte, frag mich nicht weiter!"
Da blickte ich zu ihm auf und bemerkte den feuchten Glanz in seinem Augenwinkel. Er hatte die Stirn in Falten gelegt und wirkte bedrückt. Was war mit Großvater? Wieso war er traurig? Ich wollte ihm etwas Tröstendes sagen... Doch was konnte ich dem alten Mann sa-

gen? Ich suchte nach Worten, senkte den Kopf und sah hinab auf die Scherbe, in meiner Hand.
Und urplötzlich fährt mich Großvater an: „Sag bloß, du hast die Scherbe immer noch in deinen Drecksfingern!?"
„Ja... aber Opa, ich wollte..."
„Du wolltest, du wolltest!!", brüllte er lauthals drauflos: „Ich hab dir gesagt, du sollst das verdammte Drecksding wegwerfen!" Er fuhr herum an den Zaun; und ich hörte ihn fluchen: „Verdahl noch ens, wat nen flappegen Konden! Ballhüöreg esse! Verdaxmech!"
Im nächsten Moment hielt er inne. Er schnaufte noch – kehrte sich mir wieder zu, sah mich durchdringend an und sagte auf einmal: „Verdonnesminner! Es tut mir leid, mein Kind, dass ich so laut wurde..."
„'S ist schon gut, Opa!"
„Behalte nur deine Scherbe!", hieß es auf einmal. Er nickte mir freundlich zu und legte mir sacht die Hand auf die Schulter: „Junge, ich muss dir was sagen..." Da stockte er, zeigte ein trauriges Lächeln auf seinen Lippen – und meinte dann: „Du..., diese Scherbe... dies kleine Stück mit dem Zwiebelmuster... es rührt wahrscheinlich von einer Tasse... und diese Tasse gehörte zu einem Kaffeeservice – dem Kaffeeservice deiner Großmutter."
„Meiner... Großmutter?", ich, hell erstaunt.
„O ja", sagte er, hob den Blick, schaute weit hinaus über den Stacheldrahtzaun, hinein in das Feld voller Sonnenblumen: „Es war einmal, vor langer Zeit..."
„Bevor du im Altenheim lebtest?"
„Ja, lange davor. Nachdem ich aus dem Krieg zurückkehrte bezog ich mit meiner Frau das alte Fachwerkhaus dort... Es war mein einstiges Elternhaus... In ihm brachte sie dann deinen Vater zur Welt. Hier lebte ein Glück. Hier war unsre Heimat", bemerkte er noch, hob den Blick zu den ziehenden Wolken am Himmel, schluchzte auf und verbiss sich die Tränen.
Schweigend standen wir da. Erst nach einiger Zeit lösten wir uns und folgten langsam dem schmalen Pfad bergan durch die Felder. Ich ging voran - und vernahm von hinterrücks, mir dicht im Nacken, Großvaters keuchenden Atem. Und dann, als ob er laut nachdächte, hörte ich, wie er leis vor sich hinsprach; und das, was er sagte – mir ist geradeso, als hör ich's noch heute, da ich längst erwachsen bin,

heute wie gestern, vor langer Zeit, dort auf unserem Weg durch die Sonnenblumen: „De Schirwel, nee, es dat dann müöglech... es war eine Tasse mit Zwiebelmuster... Die Tasse ist lange gehimmelt. Gehimmelt ist auch das Dach von dem Haus... Das Häuschen im Garten, die Ställe zerfallen... Gestorben die Tiere, alle Kaninchen und Hühner... Die Ziege, die arme – wie lang ist sie tot? Der ganze Hof – ist gestorben. Die Heimat – gestorben. Alles, was war, ist nicht mehr. Und alles, was kommt, wird ebenso sterben, wenn die Zeit da ist. Es sterben die Wälder. Es sterben die Bäume, alle, der Fluss tief im Grund... Die Berge ringsum werden vergehen und selbst die Steine mitsamt allem Sand und Staub auf der Erde.. Die Sonne wird sterben, der Mond und die Sterne am Himmel... Wir aber, wir, mein Enkel und ich, wir werden geboren, zu atmen. Auch wenn ringsum alles untergeht, der Junge und ich, wir werden atmen, atmen. Atmen! Das ist es. Das ist der Lauf des Lebens."

Beate Kunisch
Haikus

Feuerroter Fels
Zieht sich still am Strand entlang
Graskissen im Wind

Haushohe Klippe
Lässt ihre Farben spielen
Warmer Sonnenstrahl

Saga Grünwald
Wächter

Dunkel wacht die Felsenfestung über die stille Buch, während die Wellen mit leisem Schmatzen den Sand küssen.

Auf rauem Sturmwind
segeln Weißgefiederte
Wächter der Festung

Martina Hörle
Der Mondberg

Damals war es, als die Berge noch über die Erde wanderten. Gemächlich krochen sie voran, langsamer als eine Schnecke. Wo es ihnen gefiel, da blieben sie eine Weile. Die meisten waren allein unterwegs, doch ein paar hatten ihre Familie dabei. Wenn die rastete, bildete sich ein richtiges Gebirge. Es entstanden bizarre Formen und abstrakte Skulpturen, die von den Menschenwesen bestaunt wurden. Am Tag schien die Sonne auf die Gipfel und ihre warmen Strahlen leuchteten in jede Höhle und unter jeden Stein. Des Nachts stand der Mond als weiße Scheibe hoch am Himmel. Die Silhouetten der Berge erschienen majestätisch, imposant, unnahbar. Manchmal jedoch, wenn der Mond gerade abnahm, waren sie beinahe nicht zu erkennen. Da konnte es passieren, dass sie trotz ihrer Langsamkeit gegeneinander-prallten und einen Teil ihrer Steine verloren. Die Menschen gerieten immer in Panik, wenn so etwas passierte. „Hilfe, Gefahr. Rette sich wer kann!" „Eine Geröll-Lawine, der Berg stürzt ein!" Über solchen Unsinn hätten die Berge am liebsten mit dem Kopf geschüttelt, doch solch schnelle Bewegungen waren ihnen nicht möglich.

In einer kalten Nacht, als der Mond wieder als schmale Sichel zu sehen war, geschah es, dass der größte aller Berge, der König unter ihnen, jemanden rufen hörte. Die Stimme war leise und der Berg konnte nicht feststellen, woher sie kam. Er glaubte zunächst, er habe sich geirrt. Doch da war sie wieder, ganz schwach. War das ein Mensch? Er hatte keine Steine verloren, da war er sicher. „Wer ist da?", rief er in die Nacht. „Ich bin es", hörte er die Stimme. „Wer ist ich? Wo bist du?" „Hier oben, direkt über dir. Bitte hilf mir." Der Berg schaute hoch und sah direkt auf den Mond. „Was fehlt dir?", rief er ihm zu. Kaum hörbar erwiderte der Mond: „Ich bin dünn und schwach geworden. Wenn mir niemand hilft, werde ich auf die Erde stürzen." „Du bist doch oft so dünn wie jetzt", entgegnete der Berg. „Gewiss, das geschieht regelmäßig", hauchte der Mond. „Und jedes Mal bin ich dann in Gefahr, herabzufallen. Deshalb brauche ich Hilfe." „Wie kann ich dir denn helfen?", fragte der Berg erstaunt. „Du bist riesengroß. Dein Gipfel ragt bis in den Himmel hinauf. Auf der Spitze könnte ich mich abstützen und ausruhen, bis es Tag wird. Nur eine kurze Weile brauche ich, dann bin ich wieder groß und kräftig." „Wenn es weiter nichts ist", lächelte der Berg, „da will ich dir gerne helfen." Und er reckte sich, soweit er konnte, nach oben.

Aufatmend ließ sich die Mondsichel auf dem Gipfel nieder. „Ich danke dir. Für dieses Mal hast du mich gerettet." „Was meinst du damit – für dieses Mal?", wollte der Berg wissen. „Immer, wenn ich so dünn bin, brauche ich Unterstützung. Oft ist einer deiner Kameraden da und lässt mich auf der Spitze Platz nehmen", erklärte der Mond. „Aber manches Mal ist keiner in der Nähe. So ist der Berg, auf dem ich vor vier Wochen saß, weitergegangen. Zum Glück warst du rechtzeitig hier. Ich merke mir immer die Plätze, an denen ein Berg steht. Wenn ich abnehme, halte ich mich in der Nähe auf. Doch ihr geht weiter und ich kann mir nicht helfen."

Der Berg überlegte. Das dauerte lange, denn er war beim Denken nicht schneller als beim Laufen. Schließlich meinte er: „Dann wärst du immer in Sicherheit, wenn wir uns nicht fortbewegen?" „Stimmt", gab der Mond zu, „genauso ist es. Bleiben die Berge am gleichen Platz, finde ich immer den nötigen Halt."

Das verstand der Berg. Von Natur aus ein bisschen faul, gefiel es ihm. „Ich muss nicht unbedingt weitergehen. Hier habe ich alles, was ich brauche, und dem Mond kann ich so auch helfen", dachte er. Der Mond sah ihn aufmerksam an. Er spürte, dass der Berg eine Entscheidung traf, und wollte ihn beim Denken nicht stören. „Höre, Mond", sprach der Berg endlich, „von jetzt an bleibe ich immer an dieser Stelle. Dann brauchst du mich nicht zu suchen. Und da ich der König der Berge bin, bestimme ich, dass alle Berge ihren Platz nicht mehr verlassen. Doch wie kann ich diesen Erlass zügig an die anderen weitergeben?" „Mach dir darüber keine Gedanken", meinte der Mond erleichtert. „Ich bin sehr glücklich über deine Entscheidung. Mein Freund, der Wind, wird zu deinen Untertanen wehen, um ihnen zu berichten."

Der Mond rief nach dem Wind. Dieser wehte schnell heran und hörte die Worte des Bergkönigs. In Windeseile wehte er um alle Berge herum und zu allen Gebirgen hin und überbrachte die königliche Botschaft. Der Mond war von einer schweren Last befreit. Er wusste nun, dass er nie mehr in Gefahr war, aus dem Himmel zu stürzen. „Ich bin dir zu großem Dank verpflichtet", sprach er feierlich zum Berg. „Von heute an sollst du den Namen „Mondberg" tragen."

Seit dieser Zeit erinnert der Berg durch seinen bläulich-weißen Schimmer an das Mondlicht. Und in seinen Steinen spiegeln Licht und Schatten die Phasen des Mondes wieder.

Andreas Erdmann
Männergesellschaft

Aufbruch von Elkif im Morgengrauen. Wir füllen die Wasserflaschen am Fluss und machen uns an den Aufstieg nach Üzüm. Ein steiler, steiniger Pfad führt uns bergan durch die steigende Sonne, die immer heißer und sengender wird. Die Erde ist lila. Dann grün. Dann rot. „Schau!", ruft mir Hamid von oben her zu und weist in die Ferne: In flirrender Luft tauchen die Alpen von Burum und Serhanis auf.

*

Alle Viertelstunde halten wir Rast in flammender Hitze. Verschnaufen und löschen den brennenden Durst. Gegen elf Uhr, Elkif ist längst im Dunst der Tiefe versunken, haben wir unsere Flaschen geleert. „Was ist mit der Quelle", fragt Hamid, „die auf der Karte verzeichnet ist?"
„Fürchte, wir haben sie übersehen!" Ich schließe die Augen und nicke unverweilt ein.
„Aufwachen, hee!" Hamid rüttelt an mir. „Kannst hier nicht schlafen. Die Sonne! Komm, weiter!"
Am Steilhang verliert sich der Weg unter Schutt und Geröll. Knirschende Felssplitter. Steinbrocken. Ein Feld von Asche, das wir auf allen Vieren erklimmen. Von irgendwo hören wir Hundegebell – und plötzlich steht da ein junger Hirt über uns auf dem zackigen Felsen. Er trägt einen knielangen Mantel, aus bunten Fetzen zusammengeflickt, und eine völlig zerrissene Hose. Wie wir uns nähern, grüßt er mit kurzem Kopfnicken, murmelt uns zu: „Merhaba."
Hamid spricht Türkisch mit ihm. Der Junge scheint wortkarg. Doch mit einem Mal wirft er die Arme auf, redet mit klagender Stimme drauflos.
Später geht er uns voran: „Üzüm!", ruft er, zeigt hoch zum Hang und winkt uns zu, ihm zu folgen.
„Was hat der Hirt gesagt?", frage ich meinen Begleiter.
Dass er aus Ankara stamme, berichtet mir Hamid. Dort aber seien die Eltern gestorben, und ihn habe man, von den Geschwistern getrennt, hierhin, zu seinem Onkel gebracht. Den habe er nunmehr seit

drei Jahren nicht mehr gesehen. Der kassiere nur noch das Geld für die Ziegen, die er für ihn hüte.
Die Ziegen – wir entdecken sie, von der Anhöhe aus, in einer Senke: Etwa dreißig ausgemergelte Tiere scharen sich dort im spärlichen Schatten der Föhren. Ein Hund springt herum. Vor einer Feuerstelle steht ein graustaubiges Zelt.
Der Junge erklärt, Üsüm sei hinter dem Hügel gelegen. „Allaha ısmarladık!", sagt er zum Abschied.
„Einen Moment…" Ich krame in meinem Rucksack, zieh meine zweite Hose hervor und schenke sie ihm. Erst steht er sprachlos – dann sagt er mir etwas. – Hamid übersetzt: „Der Segen seines seligen Vaters komme über dich und deine Familie."
*

Halb kletternd, halb rutschend bewegen wir uns den Abhang hinunter. Nach einer Weile erspähen wir zwischen felsigen Falten: Sprudelndes Wasser! – Die Quelle ist warm. Wir trinken. Waschen den Schweiß von uns. Füllen die Flaschen.
…Folgen dem Rinnsal. Da tritt der Trampelpfad wieder hervor: „Siehst du!", lacht Hamid, „der Segen zeigt Wirkung!"
Der Weg führt uns, an einem verfallenen Steinhaus vorbei, auf ein weites Plateau. Hierauf erstreckt sich ein Gerstenfeld bis nahe heran an den Absturz. Und wie wir uns über die Felskante neigen, schauen wir auf die Dächer von Üzüm!
*

Die Dorfgasse. Kinder laufen laut johlend neben uns her. Ein greiser Mann, auf einen Stock gestützt, kommt uns zockelnd entgegen und heißt uns im Orte willkommen.
„Er möchte uns gerne zum Muhtar bringen", erklärt mir Hamid die Worte des Alten.
„Muh…tar?"
„Na, zum Gemeindevorsteher. Der kümmert sich hier um die Fremden, beherbergt sie in seinem Haus."
Der Alte führt uns zu einem lang gestreckten Gebäude. Davor steht ein Nussbaum, und auf einer Kiste darunter kauert ein schmächtiges Wesen, abgemagert bis auf die Knochen. Wie ein Skelett schaut es aus: Der Kopf kahl und kantig… Riesige Augen, in schattigen Höhlen, starren durch uns hindurch.

Dies sei das jüngste Söhnchen des Muhtars, erklärt uns der Greis. Krank sei es, esse schon länger nichts mehr. Ernähre sich bloß noch von Tee.

*

„Roj bas Tu cawayi." Der Muhtar, ein stämmiger Mann mit tiefblauem Turban, begrüßt uns sehr herzlich. Ibrahim heißt er, soweit ich verstehe. Er bittet uns mit einer schwungvollen Geste ins Haus: „Mêvanê yekî, mêvanê gundek î."
Wir ziehen die Schuhe aus. Folgen ihm in die geräumige Stube und nehmen Platz auf dem Teppich. Zu uns gesellt sich der Greis. Kurz darauf treten drei kräftige Kerle, mit Turbanen wie unser Gastgeber, ein. Sie werden uns vorgestellt: Ibrahims älteste Söhne. - Nach und nach kommen weitere Männer, alte und junge - mehr, immer mehr. Die Nachricht unsres Besuchs geht wohl wie ein Lauffeuer um: Bald scheinen sich alle Männer des Dorfs um uns versammelt zu haben. Und keine einzige Frau.
Hamid beantwortet Fragen zu uns und zu unsrer Reise. Auf einmal heißt es: „Ah, çay!" Ein Knabe trägt ein Tablett herein und verteilt kleine Gläser mit dampfendem Tee. Nun sitzt man und trinkt. Man scherzt, lacht uns zu.
Mehmet, Ibrahims ältester Sohn, tippt mich von der Seite her an, reicht mir das braune Stück einer Wurzel: „Dagdauk", sagt er schmunzelnd.
„Dagdauk?"
Dies kaue man hier in froher Gesellschaft, lässt Hamid mich wissen. Es wirke wie Alkohohl. Dessen Genuss sei im Islam streng verboten. Dagdauk jedoch sei im Koran nicht erwähnt. „Aber Vorsicht, das Zeug ist gewaltig! Nimm nicht zu viel, nur ein winziges Stück!"
Hart ist's und fasrig. Schmeckt ziemlich bitter. – Bald wird mir ein wenig schummrig... „Erê, erê!", zwinkert Mehmet mir zu. Jemand singt. Es wird lauter im Raum. Gelächter. Man redet wild durcheinander.
„Worum geht's?", frage ich.
„Um was wohl!?"
„Um Frauen?"
„Natürlich!"
Jetzt spricht Mehmet mit breitem Grinsen zu mir. „Er meint", erklärt Hamid, „je dicker die Frau, umso besser, und die Fetteste sei grad die Beste."

„Das sehe ich anders", lasse ich ausrichten.
„Çawa!?" Mehmet sieht mich sonderbar an, verzieht sein Gesicht zu einer Grimasse und gestikuliert, während er redet, mit beiden Händen: Eine dürre Frau, höre ich, reize zum Ekel. An so einer habe der Mann nichts zu packen und nichts in den Händen. Sie sei wie ein gehobeltes Brett. Und wo solle sich in einem Brett Platz für das Baby finden?, sagt er, fasst mich in große, fragende Augen.
„Keça bê dê wek çiyay bê rê", stimmt der Vater ihm zu und wendet sich lächelnd an mich.
„Was sagt er?"
Hamid zögert, beißt sich auf die Lippen, bevor er mir übermittelt: „Du, der Muhtar fragt dich, ob du vielleicht… eine Frau kaufen möchtest."
„Eine Frau… kaufen?"
„Nicht für heut Nacht. Für immer, zum Heiraten."
„Danke, nein!", gebe ich lachend zurück. Ich halte die Anfrage für einen Scherz. Doch dem scheint nicht so…
„Jetzt sagt er, er kann dir ein gutes Angebot machen."
„Ach, ja?"
„Er möchte dir seine Tochter für 60000 Türkische Lira verkaufen."
„60000?"
„Dies sei sehr preiswert, zumal eine Braut hier in der Regel zwischen 70000 und 80000 Lira koste."
„Aha!"
„Die guten, dicken Frauen seien so teuer. Der Kaufpreis bemesse sich nach ihrem Körpergewicht, und der Richtpreis liege bei 1000 Türkischen Lira das Kilo."
„Also müsste man für 100 Kilo 100000 Lira bezahlen", bemerke ich - und lasse Hamid ausrichten: Wie dem auch sei, ich wolle niemanden kaufen.
Ibrahim scheint nicht verstanden zu haben: Sein eigenes Weib, lässt er mir sagen, habe er derzeit für 85000 Lira bekommen. Ob ich nun einsehe, dass der geforderte Preis für seine Tochter ein äußerst günstiger sei?
Noch ehe ich antworten kann, steht er auf, klatscht in die Hände. Der Name „Mohamed!" schallt durch den Raum. Alle schauen zur Tür, und dort sieht der Knabe, der vorhin den Tee brachte, durch den Vorhang herein. Ibrahim ruft ihm was zu. Der Knabe verschwindet. Nicht lan-

ge, da kommt er wieder und zieht den Vorhang beiseite: In der Tür steht jetzt eine dunkle Erscheinung, vollkommen verschleiert.
„Fatima, seine Tochte", raunt Hamid mir zu, „die letzte von fünfen…"
„Ja, aber", gebe ich flüsternd zurück, „die Frau misst kaum einen Meter fünfzig und wiegt sicher weit unter fünfzig Kilo!"
Der Vater klatscht abermals in die Hände - der Vorhang fällt wieder - und er setzt sich nieder zu uns: Fatima, lässt er mich wissen, sei keine Frau. Sie sei noch ein Mädchen, ein Kind von elf Jahren. Doch es werde wachsen und mächtig dick werden, und wenn es erst kugelrund sei, werde ich es ihm danken, dass er sie mir so preiswert verkauft habe.
*

Bestimmt, aber freundlich, lasse ich ihm durch Hamid ausrichten, dass ich das Kind unter keinen Umständen heiraten werde.
Er nimmt es mit einem Lächeln - und nickt seinen Söhnen zu; sie reden drauf hin zu dritt auf mich ein. Ich solle es mir gut überlegen. Die Braut, die mir ihr Vater anbiete, sei besser als jedwede andere aus meiner Heimat. Frauen von hier brächten viel, viel mehr Kinder zur Welt. Sie würden auch nicht im Mindesten aufbegehren, wenn man es nur verstünde, sie tüchtig zu züchtigen. Und neben ihnen könne man mit seiner Männlichkeit treiben, wie es einem gefällt.
„Schluss jetzt!", verwehre ich mich. „Ich habe daheim eine Freundin…"
Die könne ich mir als Zweitfrau hinzunehmen.
„Wie bitte!?"
Nun mengt sich wieder der Muhtar dazwischen: Wie viel, lässt er fragen, müsse ich denn dem Brautvater in meiner Heimat für jene Freundin bezahlen?
„Wie viel?", ich, noch verwundert, beuge mich vor, schaue Ibrahim fest in die Augen und erwidere: „Nichts. Nichts, nicht einen einzigen Euro."
Hamid übersetzt.
Der Mann zuckt zusammen. Voller Entsetzen starrt er mich an, zittert - und springt abrupt auf. Er wird puterrot, wirkt mit einem Mal zornig und brüllt irgendetwas auf mich hernieder. Im Raum ist es schlagartig stille. Jäh fährt er herum, prescht durch die Stube, mit stampfenden Schritten hinaus aus der Tür. Die Söhne erheben sich. Rauschen rasch hinter ihm her. Nach und nach stehen die anderen auf. Stumm gehen sie voneinander. Dies ist das Ende der Männergesellschaft.

Spätabends. Ich sitze auf einer Mauer. Weit vor mir, über dem gähnenden Tal, der pechschwarze Umriss der Berge. Ein vollrunder Mond schwimmt im sternklaren Himmel.
„Hey!"
Ich erschrecke. „Ah, du bist es, Hamid!"
Er tritt heran, setzt sich mir an die Schulter, berichtet: Ibrahim habe sich wieder beruhigt. Er bitte bei mir um Entschuldigung für sein schroffes Verhalten.
„Mit welchen Worten hat er mich vorhin beschimpft?", frage ich.
„Du wüsstest gern, was er sagte?"
Ich nicke.
Hamid meint zögerlich: „Du… er beschimpfte nicht dich. Er schalt die Männer in deiner Heimat und sagte, das Land, aus dem du kommst, sei nicht gut."
„Wie kann er sich solch ein Urteil anmaßen?"
„Na, weißt du, er war geschockt, wie er von dir erfuhr, du bräuchtest daheim für eine Braut keinen einzigen Euro bezahlen. Es entsetzte ihn sehr, dass die Frauen bei euch in Europa nichts kosten, und darum schrie er dich an: ‚Bei euch sind die Frauen nichts wert!'"

August 2009

Beate Kunisch
Bewegung durch Begegnung

„Das sieht doch super aus!"
„Eh, ist das nicht ein bisschen zu tief ausgeschnitten?"
„Die Hauptsache ist, du fühlst dich wohl."
Anne sah sich im Spiegel an. Das Kleid war trägerlos, oben enganliegend, ab der Taille wallte der weiße Seidenstoff an ihr hinunter, am Rockende waren kleine Stoffrosen aufgenäht.
Die drei Freundinnen waren seit rund einer Stunde in dem Geschäft in ihrer Heimatstadt. Sie ließ sich das Kleid zurücklegen und die drei verließen das Brautmodengeschäft.
„So, jetzt einen Cappuccino, oder?" Silke stöhnte.
„Ich brauch auch ne Pause." Anne zupfte an ihrer Bluse.
„Okay, gehen wir doch ins Luna, oder?" Heike deutete mit der Hand in die Richtung des zur Zeit angesagtesten Eiscafés der Stadt.
Die drei Frauen schlenderten durch die Fußgängerzone. Sie erreichten das Café nach wenigen Minuten.
„Wir sitzen draußen oder?" Anna freute sich, endlich ein passendes Brautkleid gefunden zu haben.
Die drei Freundinnen setzten sich vor dem Café an einen gerade frei gewordenen Tisch in die Sonne. Bald kamen ihre Getränke. Anna fühlte vorsichtig an ihrer Cappuccinotasse. Viel zu heiß. Plötzlich hörte man den typischen Signalton eines Krankenwagens. Als er sich näherte, stoppte das Martinshorn, der Wagen fuhr durch die Fußgängerzone an ihnen vorbei und hielt unmittelbar vor dem Laden nebenan. Es war ein Damenoberbekleidungsgeschäft. Eher für die ältere Generation.
„Du lieber Gott, das ist ja gruselig." Silke hielt sich die Hand vor den Mund.
„Da muss ich immer an meine Oma denken, wenn ich so einen Rettungswagen seh." Heike saugte an dem Strohhalm ihres Eiscafés.
Anna bewegte das Zuckertütchen von ihrem Cappuccino mit Daumen und Zeigefinger hin und her und alle schauten auf den Wagen. Zwei Männer waren ausgestiegen und in das Geschäft gelaufen.

Mehrere Menschen hatten sich direkt vor den Laden gestellt und warteten neugierig. Andere gingen langsam, teilweise mit großen Augen oder mit vor den Mund gehaltener Hand vorbei.
Die zwei Männer aus dem Rettungswagen holten eine Trage aus dem Wagen. Es dauerte nicht lange, da kamen sie aus dem Laden wieder heraus, auf der Trage lag eine ältere Frau mit hagerem Gesicht.
Anna traute ihren Augen nicht. Sie hatte die Frau sofort erkannt, obwohl sie sie Jahrzehnte nicht gesehen hatte. „Das gibt es doch nicht, das ist meine ehemalige Grundschullehrerin!" Entfuhr es ihr.
Die Männer trugen die Frau auf der Trage in den Wagen und direkt darauf fuhr er weg. Die Menschenansammlung löste sich langsam auf, nach einigen Minuten war alles wie vorher.
Nachdenklich nippte Anne an ihrem mittlerweile abgekühlten Cappuccino. Ob sie verheiratet ist? Damals war sie alleinstehend. Hat sie Kinder? Was hat sie jetzt ins Krankenhaus gebracht? Zusammenbruch in der Boutique? Wie ein Leben sich so plötzlich ändern oder auch zu Ende sein kann…
„Oh Leute, ich muss los!" Silke blickte entsetzt auf ihre Armbanduhr. Die drei Freundinnen verließen das Café und gingen die Fußgängerzone in Richtung Parkplatz, von dem aus sie ihre Brautkleidsuche begonnen hatten. Als sie an einem Drogeriemarkt vorbeigingen, kam ein Mann heraus, Anna erkannte ihn sofort wieder.
„Werner!" Rief sie erfreut. Ihr ehemaliger Schulfreund hatte sich kaum verändert.
„Anna! Dich hab ich ja ewig nicht gesehen. Wie geht es dir?" Er lachte.
„Ich werde bald heiraten. Habe mir heute mit meinen Freundinnen ein Hochzeitskleid ausgesucht. Und du? Hast du das eben mitbekommen? Hier war ein Rettungswagen, die haben die Bratfisch abgeholt. Weißt du noch, unsere Klassenlehrerin, Frau Fischer?"
„Ja, ich habe ein Martinshorn gehört. Das ist ja was. Ich war gerade hier im Drogeriemarkt."
„Das ist ja wirklich… Da bin ich mal ein paar Tage in meiner alten Heimat, geh mit meinen Mädels ein Brautkleid aussuchen und dann sehe ich, wie die Bratfisch abgeholt wird. Jetzt treff ich dich. Ich stoße auf meine Vergangenheit heute. Leider habe ich überhaupt keine Zeit jetzt. Du kannst mich ja mal anrufen." Anna fischte eine von ihren neuen Visitenkarten aus der Handtasche.

„Bis dann. War schön, dich zu treffen." Irgendetwas in Stefans Blick irritierte Anne. Gerne hätte sie sich länger mit ihm unterhalten. Noch in der nächsten Woche trafen sie sich auf einen Kaffee im Luna. Dann verabredeten sie sich zum Essen. Danach gingen sie zusammen ins Kino. Und so ging es weiter, nach etwa drei Monaten wurde Anne bewusst, dass sie mehr als Freundschaft für Stefan empfand. Sie trennte sich von ihrem Verlobten, zog in ihre Heimatstadt zurück und heiratete Stefan. In einem anderen Brautkleid! Frau Fischer? Sie hatte einen Herzinfarkt in dem Geschäft erlitten, Anne und Stefan besuchten sie danach oft zu Hause. Sie wurde ein Jahr später eine liebevolle Leihoma für die Zwillinge.

Saga Grünwald
Haiku

Steinerner Riese
schützt das Tor zur Elfenwelt
Wellen flüstern leis

Karla J. Butterfield
Kanzlerin allein zu Haus

Sie steht in ihrer Hotelsuite am Fenster und schaut auf die Straße. Überall Straßenkaffees, Musik, Rosenverkäufer, sommerlich gekleidete Menschen auf der Jagd nach den frischen Sonnenstrahlen. Sie wendet den Blick ab und schaut auf ihre Hände.
Das Land ist überfüllt, die Mieten steigen. Hier muss eine Lösung gefunden werden. Die Finanzmärkte sehen nicht gut aus. Es gibt Entscheidungen, die man nicht auf die lange Bank schieben sollte. Welche Konsequenzen werden die Wahlen in den USA, der Brexit auf die Weltpolitik haben? Sollte man sich darauf vorbereiten? Sie muss noch einmal die Rede über die Flüchtlingsquoten durchgehen. Der Empfang heute Nachmittag steht an. Friseur, Festgarderobe, Maske – das Fernsehen ist dabei.
Ihr Ehemann ist bereits heute früh von einem Fahrer abgeholt worden. Er fährt zu einem Kongress nach Genf, dann nach Bruxelles. Er hat noch Probleme mit seinem Englisch. Sie selbst spricht mehrere Sprachen. Jeden Abend vor dem Schlafengehen hört sie eine Kassette mit „Arabisch lernen". Vor der Abreise sagte er zu ihr: Sorge dich nicht ständig, lass los, dann kannst du Berge versetzen.
Der Tag ist überstanden. Sie steigt aus der Limousine, atmet die Sommergerüche ein. Der Wagen entfernt sich. Die Bodyguards bleiben vor dem Haus stehen. Die Wohnung ist leer, als hätte sie jemand mit dem Löffel ausgehöhlt. Sie nimmt ein Bad, danach geht sie in die Küche und wärmt sich das Gulasch, das die Köchin für sie vorbereitet hatte, in der Mikrowelle auf. Gulasch mit dunkler Soße und Serviettenknödeln. Ordentlich scharf mit Kümmel und Sahne. Plink, das Essen ist fertig. Sie setzt sich zu Tisch, atmet tief ein, piekt das erste kleine Stück Fleisch auf, führt es zum Mund und kaut nachdenklich. Es schmeckt heute besonders gut, trotz der Hitze. Diese Ruhe, nur die Luft flüstert leise. Sie kann ihre Kaubewegungen hören. Isst gemächlich, abwechselnd Knödel, Fleisch, Paprikastückchen. Nun ist nur die braune sämige Soße übrig. Langsam senkt sie den Kopf und tunkt ihre Zunge in die Soße hinein, (sie möchte den Zauber dieses Genus-

ses nicht durch das Aufstehen und Löffelholen zerstören), schürzt die Lippen und schlürft, als wäre sie ein Staubsauger. Ihre Haare fallen seitlich hinab und bilden ein schützendes Zelt um den Teller. Sie schließt die Augen und taucht noch tiefer hinein. Saugt und schlürft, leckt und schmatzt. Ganz allein, in der Stille des Hauses, für diesen einen Augenblick lässt sie los.

Beate Kunisch

Haiku

Berggipfelspitze
Bohrt sich in Wolkenhaufen
Tal unter Nebel

Andreas Erdmann
Kare-san-sui

An dem Tag, als ich Yoritomo in Kyoto besuchte, empfing mich Frau Li, die kleine Chinesin, an der Pforte und sagte, ich fände den Meister im Kare-san-sui.
„Wo bitte?" wollte ich wissen.
„Nun, in seinem Garten", erklärte sie mir in gebrochenem Englisch. „Kommen Sie, Mister, ich bringe Sie hin!"
Nun ging mir die Geisha mit kurzen, trippelnden Schritten voran und führte mich hinter das Haus, wo ich den alten Japaner in einem grauen Arbeitskittel, auf einem Rechen gestützt, vor einer hüfthohen Mauer antraf. Yoritomo begrüßte mich herzlich.
„Ich komme ein wenig zu früh", meinte ich, woraufhin er bemerkte, ich käme genau zur rechten Zeit, er habe just in diesem Moment seine Gartenarbeit beendet. Dabei zeigte er mit dem Rechen über die Mauer ins jenseits gelegene, große Karree: „Ach!" machte ich, blickte mich um und meinte verwundert: „Dies ist ein Kare-san-sui?"
„Ja, oder, um es in Ihrer Sprache zu sagen, eine Berglandschaft ohne Wasser."
„Ehrwürdiger Meister", sprach ich zu ihm, „solch einen Garten sah ich noch nie!"
„Was ist denn daran so besonders?"
„Na, es gibt keine Sträucher und Bäume darin und weder Blumen noch Gräser – ja überhaupt keine Pflanzen."
„Wieso keine Pflanzen?"
„Also schön", sagte ich und wies auf ein grünliches Schimmern, „dort hat es etwas Moos angesetzt. Ansonsten entdecke ich aber nichts weiter als Sand und Kies, einige Steine und lose Felsbrocken."
„Das tut mir Leid für Sie", gab Yoritomo freundlich zurück.
„Leid? für mich?"
„Ich meine, als Europäer fehlt Ihnen womöglich der asiatische Blick", sagte er. „Sehen Sie, unsereiner kann in dem Karree hohe Berge erkennen und weitgeschwungene Hügel mit Bäumen und Buschwerk, ja Blumen um Blumen und sogar Tiere: Drüben, zum Beispiel, bewegt sich da nicht eine Gruppe von Wildschweinen samt ihren Frischlingen?"

„Wildschweine? Frischlinge?" Ich schüttelte mit dem Kopf.
Da deutete er mit dem Rechenstiel auf einige braun gesprenkelte Kiesel, woraufhin ich dachte: ‚Man muss diesen Steingarten wohl richtig lesen, sich in ihn hineinfühlen und seine Fantasie spielen lassen...'
Kurz darauf erschien Frau Li und brachte zwei Schalen mit einem duftenden Wildblütentee. Wir bedankten uns, setzten uns auf die Mauer, tranken den Tee und ließen den Blick durch die Miniaturlandschaft schweifen.
„Und?" fragte mich Yoritomo nach einer Weile, „erkennen Sie jetzt die Borstentiere am Bachlauf?"
„Gut, die Tiere kann ich mir schemenhaft vorstellen – wo aber, wo ist der Bach?"
Daraufhin neigte der Alte sich vor und zeigte auf eine der Furchen im sandigen Grund.
„Ah, ein Bachbett von Sand - ist es ausgetrocknet?"
„Oho, aber nein, mein Freund!" lachte der Meister und meinte, der Bach sei übervoll von frischem Wasser: „Schauen Sie nur - und horchen Sie hin! Dann hören Sie's rauschen."
Nein, ein Rauschen von Wasser vernahm ich hier beim besten Willen nicht. Mir kam nur ein leises Säuseln des Windes zu Ohren, der aus dem Tal heraufwehte und durch die Bäume am Hang strich. Indessen folgte der alte Mann mit funkelndem Blick den Furchen im Sand, wobei ihn eine fast kindliche Freude ergriff: „Ha, schauen Sie, drüben mündet der Bachlauf in einen Fluss, dieser windet sich um den Bergfuß herum und staut sich dann talwärts zum See..."
„Herr Yoritomo", sagte ich, rückte dicht an seine Seite, „kann es nicht sein, dass diese Berglandschaft ohne Wasser ohne wirkliches Wasser auskommt?"
„Wie man's sieht, wie man's sieht", erwiderte er. „Aber... was ist denn wirkliches Wasser?"
„Na, jenes dort nicht", gab ich zurück und zeigte auf eine der Linien im Sand.
„Da haben Sie recht, dies ist ein befestigter Weg!"
„Herr Yoritomo, Sie machen sich über mich lustig?"
„Aber nein, keineswegs." Er wirkte schlagartig ernst und blickte mich tief und fest an: „Es gibt zwei unterschiedliche Sichtweisen in der Betrachtung der Welt und der Dinge."

„Tja. Sie sehen Wasser – und ich sehe Spuren im Sand."
„Nein, so einfach ist's nicht. Als ich vorhin im Garten arbeitete, hatte auch ich nur die Linien im Blick."
„Sehen Sie!" sagte ich zwinkernd und fragte ihn, wie er dort arbeite.
„Zunächst harke ich Laub und lese Äste auf, die hier hereinwehten. Anschließend ziehe ich mit meinem Rechen die Linien im Sand nach und konzentriere mich stark auf die Muster. Dabei muss ich vor allem beachten, dass ich ihnen mit den feinen Zinken keinen Anfang oder kein Ende zufüge."
„Weswegen?"
„Nun, in dem kleinen Kosmos des Zengartens ist eben alles, wie in der großen Natur, ohne Anfang und ohne Ende."
„Oho!" staunte ich, „Sie sprechen ja von diesem Ort wie von der Welt im Großen und Ganzen!?"
„Genauso verhält es sich." Yoritomo nickte mir zu.
„Geht es hier also um Religion?"
„Aber nein, im Garten des Zen hat man's vielmehr mit Ästhetik zu tun. Sie können erkennen, dass alle Linien runde und kreisende Formen aufweisen?"
„Ja, sie erinnern mich an ein Bild des Malers Vincent van Gogh. Alles kreist umeinander und bewegt sich im Licht eines größeres Kreises."
„Sehr wohl, der Kreis ist ein Grundmotiv des Kare- san- sui wie des umgebenen Kosmos", führte er aus. „Wir Buddhisten sprechen vom Kreis, Kongo- tai, als der Welt des unzerstörbaren Geistes. Hierin ist die Einheit von Zeit und Raum gewährleistet."
„Ich verstehe", sagte ich, doch als der Mann auf die Mauer verwies und bemerkte: „Außerdem ist das Beet im Quadrat angelegt" – gab ich zurück: „Ich verstehe nicht..."
„Nun, das Quadrat bildet das andere Grundmotiv. Wir nennen es Taizo- kai, das Prinzip des dynamischen stofflichen Wandels."
„Ja... aber", gab ich zu bedenken, „Geist und Materie, Kreis und Quadrat, Unzerstörbares und dynamischer Wandel. Hier ergeben sich Widersprüche!"
„O nein, keinesfalls", lächelte er, „in der Philosophie dieses Gartens verhält es sich so wie der alten Lehre des Ying und Yang aus dem Tao. Sie kennen die Lehre?"
„Hab davon gehört..."

„Hierin", sagte er, „heben die scheinbaren Gegensätze einander auf. Und ein Blick in den Garten genügt, um zu beweisen, wie sie einander ergänzen: Hier sehen Sie Kreis und Quadrat, Rundes und Eckiges, Helles und Dunkles harmonisch miteinander verbunden."
„Harmonisch, ja – so wirkt diese Anlage."
„Kare- san- sui- Gärtner bezeichnen ihn als Paradies. Manche von ihnen", er fing an zu schmunzeln, „nennen ihn gar einen Liebesgarten."
„Aufgrund der Schönheit?" meinte ich, grinsend.
„Ja, wir erkennen hier, wie sich die Steine, als Sinnbild des Männlichen, auf sehr schöne Weise mit den Mustern des Sandbetts verbinden, welche als Symbol des Weiblichen gelten."
„Dies würde ich gern aus der Nähe betrachten..." Ich stützte mich auf und war im Begriff, in den Garten zu springen, da hielt mich der Mann an der Armkehle fest: „Halt, Sie können das Paradies nicht betreten! Oder könnten Sie mit beiden Beinen in ein Gemälde des Malers Van Gogh hineinsteigen?"
„Sicher nicht", erwiderte ich. „Sie meinen, ich würde alles zerstören?"
Er nickte stumm.

Ich weiß nicht, wie lange wir anschließend, ohne ein Wort miteinander zu wechseln, Seite an Seite auf dem Mauersims saßen. Schweigend vertieften wir uns in den Garten. Yoritomo, neben mir, hielt seine Augen nur halb geöffnet - und ich, völlig ungeübt in der Versenkung, sah anfangs nur schroffe, felsige Steine im feinen Sand. Dann begann das Gestein mehr und mehr die Gestalt eines Gebirges anzunehmen, das gewaltig und wuchtig über einer von Flüssen durchzogenen Landschaft aufragte. Bald war mir, als schwebe ich wie ein Vogel herüber und könne, in einiger Tiefe, die fließenden Wasser erspähen. Im nächsten Moment zerstob dieses Bild, und ich sah die Steine klarer und schärfer hervortreten. Aber waren dies wirklich Steine? Was waren Steine? Ich stellte fest, dass ich gar nicht wusste, was Steine ausmachte, woraus sie bestanden und von welcher Art diese hier waren. Es kam mir so vor, als erblickte ich solche Gebilde zum ersten Mal, ja als hätte ich niemals zuvor in meinem Leben Steine gesehen. Dann schob sich mir erneut das Gebirge ins Auge. War es ein Trugbild? Oder gehörte es einfach zum Wesen der Brocken, dass sie die Gestalt eines ganzen Bergmassivs aufzeigten? Die Sichtweisen wechselten. Bilder des Gartens, wie er vor mir lag, und Bilder in mir, Gefühle, Gedanken. Gedankengebirge. Ich blickte nach innen, ich blickte nach außen – zwei Welten. Eine jede schien wahr und unwahr zugleich. Mit einem Mal gar keine Bilder. Ich saß einfach da, saß Schulter an Schulter mit dem alten Mann, und um uns herum ging der lautlose Hauch eines Windes, der aus dem Tal heraufwehte. Rings um uns her war eine ungeheuere Stille.

Plötzlich der Pfiff eines Vogels am Himmel. Und Yorimoto sprach mit leiser Stimme: „Es wird Sturm geben, gehen wir besser ins Haus."
Wir erhoben uns langsam und wanden uns schon zum Gehen, da blieb ich noch einmal stehen und fragte: „Wie haben Sie nur diese Schönheit der Berge geschaffen?"
„Ich...?" Yoritomo hielt inne.
„Na ja, nach welchen Gesichtspunkten haben Sie die Steinbrocken in der Natur ausgewählt, Sie dann hier angelegt und-"
„Nein, das habe ich nicht", unterbrach er mich sanft. „Ich sehe wohl, was ihre Auswahl, Anzahl und Ausrichtung angeht, einiges aus dem Feng shui verwirklicht. Doch diese Anlage wurde von mir nicht geschaffen."
„Und wer ist ihr Schöpfer?"
„Wissen Sie, als ich hier herzog, fand ich die Steine so vor. Vermutlich gehörte der Steingarten von Anfang an zu dem Haus, von dem man mir sagte, es sei uralt und bestehe im Grunde schon ewig, da niemand mehr wisse, wann und durch wen es errichtet wurde."
„Sie haben die Steine niemals verändert?"
„Nein, ich reche lediglich Sand. Und was das Geheimnis der Schönheit angeht, gibt es wohl eine Erklärung...", sagte er und schritt nun vor mir an der Mauer entlang. Ich folgte ihm zu den Bäumen und Sträuchern am Ende des Grundstücks, und er wies mit der Hand durch ein Loch im Wacholder, woraufhin wir jetzt, wie durch ein buschiges Fenster, vom Hügel herab in die weithin geschwungene Landschaft im Süden Kyotos einblickten. Der Umriss der Berggruppe am Horizont glich erstaunlicher Weise dem des Gebirges im Kare-san-sui.

Am letzten Tag vor meiner Abreise wollte ich Yorimoto noch einmal aufsuchen und mich von ihm verabschieden: „O wei, o wei!" kam mir

Frau Li in der Pforte entgegen und wirkte sehr aufgeregt.
„Was ist geschehen?" fragte ich.
„Das Unwetter!" begann sie zu stammeln, „vergangene Nacht... Doch sehen Sie selbst!" Sie führte mich hinter das Haus. Da stand Yorimoto am Rande der Mauer, und ich entdeckte, zu meinem Entsetzen, wie Sturm und Hagel im Kare- san- sui gewütet hatten: Überall lagen zerbrochene Schindeln vom Dach, und einer der Bäume am Hang war umgestürzt, in die Steine geschlagen und hatte alles verwüstet.
„Großer Meister", sprach ich zu dem Mann, „ich bedaure zutiefst... Eine Welt ist zerstört. Eine Welt mit Bergen und Flüssen, mit Hügeln und Wäldern und Tieren wurde vernichtet."
„Nicht der Rede wert", bemerkte er lächelnd.
„Aber, Herr Yoritomo! Man sieht nur mehr ein Gemenge von Schindeln und Ästen."
„Das tut mir Leid für Sie..."
„Leid? für mich?"
„Tja, wieder mangelt es Ihnen an der richtigen Sichtweise", sagte er, drehte den Kopf zum verwüsteten Garten und meinte: „Sehen Sie, unsereiner kann in dem Karree nach wie vor hohe Berge erkennen und weitgeschwungene Hügel mit Bäumen und Buschwerk, ja Blumen um Blumen – und sogar Tiere. Bewegt sich dort nicht eine Gruppe von Wildschweinen mit ihren Frischlingen?"

Saga Grünwald
Wandrers Lust

Oh Täler weit, oh Höhen
Sie sind des Wandrers Lust
sind sein Genuss und Wehen
Wo er sein Liebchen schmust
Schlägt noch einmal den Bogen
muss in die Welt hinaus
Das Liebchen steht betrogen
vor ihrem Elternhaus

Beate Kunisch
Haiku

Steine moosbedeckt
Am Fuße hoher Klippen
Grauer Wolkenberg

Andreas Erdmann
Märkischer Napfkuchen

Eine Begegnung von Achim und Bettina von Arnim, Clemens Brentano und Wilhelm Grimm im Mai 1816

Es war am Vortag von Pfingsten im Jahr 1816. In Wiepersdorf, auf dem märkischen Landgut der Familie von Arnim erblühte der Mai: Alles im Garten erstrahlte im Licht, Goldstern und Ginster und wogender Flieder, und hinter der Rosenhecke erstreckten sich Felder im frischen, leuchtenden Grün bis an den schattigen Waldrand.

Droben im Gutshaus bellte der Spitz und erschallte das helle Lachen der Kinder, während draußen auf der Terrasse Clemens mit seiner Schwester scherzte. Derweil suchte Achim sich im Gespräch bei seinem Freund Wilhelm Gehör zu verschaffen; dieser jedoch hatte allerhand Mühe, den vor Vergnügen jauchzenden Jüngsten der Arnims im Griff zu behalten, bis die Kinderfrau kam und ihm das zappelnde Kind - „Hoppla, Herr Grimm!" - aus dem Arm nahm.

Es war eine ausgelassene Stimmung. Nur Frau Margarethe, die Köchin des Hauses, hob an zu klagen und rief aus dem Fenster der Küche: „O Frau von Arnim, mir stehen die Haare zu Berge! Ich bin wohl mit einem Dutzend Händen am Werk, dabei fehlen mir immer noch Hände zum Rühren des Teigs für unseren märkischen Napfkuchen."

„Oje, Sie Ärmste!" meinte Bettina und machte sich auf, der Köchin zu helfen.

„Nein, Schwesterchen, bleib!" griff Clemens ihr in den Arm, schwang sich in einem Satz von der Bank und rief: „Frau Grethel, ich komme, ich eile und fliege zu Ihnen und rühre den Teig!"

„Sie, Herr Brentano?" tönte die Köchin: „Mir scheint, Ihre Dichterhand ist vielmehr zum Rühren poetischer Worte bestimmt?"

„Ach was, meine Liebe, Sie werden sehen, in der Hand eines Dichters gerät gar der Kuchen zum schönsten Gedicht!"

„Hier bin ich!" Der junge Brentano trat über die Schwelle der Tür in die Küche: „Frau Backmeisterin, ich stehe Ihnen zu Diensten!"

„Tja, junger Mann, es gibt viel zu tun", seufzte die Köchin, „zumal wir zum Pfingstmahl noch weitere Gäste erwarten: Den Bruder des werten Herrn Grimm und den Herrn Savigny mit der edlen Frau Gunda und Kind. Da wollen wir mit unserm Napfkuchen glänzen."
„Also machen wir uns rasch ans Werk!" Clemens rauschte bereits an den Tisch, auf dem zwei behäbige, irdene Schüsseln mit der bereiteten Teigmasse standen.
„Nein, warten Sie einen Moment!" hieß Frau Margarethe ihn an: „Bevor der Kuchenbäcker sein Werk beginnt, sollte er sich erst sein Schürztuch umbinden!" Sie reichte dem Mann eine Schürze und half ihm beim Binden der Schleife.
„Jetzt aber rasch!" schnellte Clemens zum Teig.
„Nein, warten Sie noch!" bekam er zu hören: „Sie wollen die Teigmasse doch nicht mit bloßen Händen verrühren!?" Und ehe er sich versah, drückte sie ihm eine hölzerne Kelle in die Hand.
„Und jetzt?" drängte Clemens: „Geht's endlich los?"
„Momentchen, Momentchen, Sie wollen doch nicht im Stehen arbeiten!?" beugte die Frau sich unter den Tisch und zog einen wackligen Schemel hervor: „So, der Herr, bitte nehmen Sie Platz!"
„Danke!" verneigte sich Clemens vor ihr und setzte sich nieder.

„Bettina, was ist mit dir?" fragte Achim: „Vorhin wirktest du gut gelaunt, und nun lese ich Sorge in deinem Gesicht?"
„Ach", seufzte Bettina, „ich sorge mich um meinen Bruder."
„Aber warum? Clemens ist lustig, aus ihm sprüht der Witz---"
„Eben darum. Du weißt doch, er leidet an Melancholia. Und wenn er im Scherz nur so übersprüht, kann seine Stimmung in Schwermut umschlagen."
„Dies wundert mich nicht", bemerkte nun Wilhelm: „Es sind schwere Zeiten. Gott wird verhöhnt, und das Kriegsgeschrei dröhnt. So kann keine echte Freude aufkommen. Doch wenn's dich beruhigt, meine liebe Bettina" - Wilhelm erhob sich vom Stuhl – „dann gehe auch ich der Köchin zu Hilfe und werfe dabei ein Auge auf Clemens."

„He, mein Freund, du kommst gerade recht!" wurde Wilhelm, kaum dass er die Küche betrat, von Clemens empfangen: „Denn bei zwei Schüsseln Teig brauchen wir hier einen zweiten Gehilfen."

„Bin zu allem bereit", meinte Wilhelm und zwinkerte Frau Margarethe zu, die ihm schon – „Schön, Herr Grimm!" - eine Schürze reichte. Daraufhin erhielt er von ihr eine Kelle zum Rühren und einen Schemel zum Sitzen, bevor sie ihm – „So, Herr Grimm, bitte sehr!" – die Teigschüssel auf den Schoß setzte. Jetzt hieß es: „Halt, meine Herrn! Bevor Sie ans Werk gehen, sollten sie wissen: Das Rühren von Teig ist eine Kunst, und das höchste Gebot der Rührkunst lautet: Sie dürfen die Kelle nur in eine Richtung führen, damit die Zutaten nicht zusammenfahren."
„Zusammenfahren?" fragte Wilhelm.
„Na ja", suchte Clemens ihn zu belehren: „Sieh einmal, Wilhelm, diese Zutaten hier wie Mehl und Milch, Hefe und Butter und Eier, die können so allerhand: Zum Beispiel zusammen- oder auch auseinanderfahren; und wenn du nicht acht gibst, fahren sie runter und fahren dir - fatsch! - auf den Boden."
„Ach, du immer mit deinen Reden!" grinste der Freund, „redest hier wie ein Konditormeister."
„Zumindest rühre ich so!" prahlte Clemens und führte die Kelle mit einem Schwung in den Teig: „Siehst du, ich rühre so meisterhaft, als hätte ich mein Lebtag nichts andres getan als nur gerührt und gerührt."
Daraufhin senkte auch Wilhelm die Kelle und wurde sofort von Clemens belehrt: „Nein, Wilhelm, nein, du rührst viel zu derb! Und wie verkrampft du die Holzkelle hältst! Du musst die Kelle viel lockerer halten, damit der Kuchen später auch locker wird. Hab ich nicht recht, Frau Margarethe?" drehte er sich zu der Köchin herum, die hinten im Raum vor der Anrichte stand und sich gerade mit aufgekrempelten Ärmeln dranmachte, die Brathühner auszunehmen.
„Nicht reden!" erwiderte sie, „sondern rühren, rühren! Am Besten nehmen Sie sich ein Vorbild an unserm Herrn Grimm, der nicht mit der Zunge- aber kräftig mit seiner Kelle umgeht."
„Ja aber- puh!" stöhnte Clemens: „Die Backkunst lässt mir die Arme ermüden. Wie lange soll denn die Rührerei noch gehen?"
„Hm", machte die Köchin, überlegte kurz, meinte: „Mindestens eine Dreiviertelstunde."
„W-wie bitte?"
„Tja, Sie haben richtig gehört", deutete sie mit dem Ellenbogen hin-

über zum Bord, auf dem eine Glasschüssel stand: „Denn Sie müssen noch die Gewürzmischung dort langsam, ganz langsam in den Teig hineinziehen."
„Herrje!"
„Anschließend", sprach sie und deutete auf einen Teller randvoll mit Rosinen, „müssen die süßen Dingerchen dort in den Teig."
„Aber langsam?"
„Ganz langsam, damit uns der Kuchen nicht sitzenbleibt."
„Sitzenbleibt?" fragte Wilhelm dazwischen.
„Allerdings", sagte Clemens, „denn solch ein Teig mit so vielen Zutaten, Würzmitteln und getrockneten Trauben, der kann allerhand. Er kann nicht nur zusammen- und auseinanderfahren sondern auch sitzenbleiben. Jedoch um dies zu verhindern, bleiben stattdessen wir beide hier mindestens eine Dreiviertelstunde lang sitzen."
„Ganz genau!" bemerkte die Frau - und erschrak, als mit einem Mal Gelächter im Raum ertönte: Achim steckte den Kopf zur Türe herein und feixte: „Ei, ei, ihr beiden schaut wahrlich sehr rührend aus!"
„In der Tat, Herr von Arnim!" meinte die Köchin: „Meine Gehilfen scheinen vor Rührung schier zu verzweifeln. Aber anstatt sich über sie lustig zu machen, könnten Sie ihnen lieber zur Hand gehen und ihnen von den Gewürzen zureichen!"

„Wo warst du so lange?" fragte Bettina ihren Mann, sowie er nach einer Dreiviertelstunde auf die Terrasse zurückkam.
„Uffz!" stöhnte Achim: Die Köchin hat mich in der Küche behalten und in das Bäckerhandwerk eingewiesen."
„Und - wie geht's meinem Bruder?"
„Keine Sorge, Clemens geht's blendend", grinste der Mann etwas verkniffen und nahm neben ihr Platz auf der Bank: „Er hat vorhin noch - WATSCH! - seinen Teig in eine der riesigen Backformen geworfen, die ich zuvor mit dem Pinsel ausfetten musste. Und wie ich die schwere Form in den Ofen reinschob, feuerte er mich von hinterrücks an, so dass ich mir beinah die Haare versengte. Übermütig rief er mir zu, irgendetwas an dieser Geschichte erinnere ihn an Wilhelms Märchen von Hänsel und Grethel."
„Oha! Hoffentlich hat er sich wieder gefasst."
„Ja, nachdem unsere Grethel ihn anfuhr, wie gefährlich die Arbeit am

Feuer sei. Und nun hockt er mit Wilhelm seelenruhig vor dem Ofen und wartet geduldig die Backzeit des Kuchens ab."

„Also ist alles bester in Ordnung", meinte Bettina erleichtert, lehnte sich zurück in der Bank und ließ ihren Blick über die Felder und Wälder schweifen: „So kann dieser Tag wohl noch einen romantischen Ausklang nehmen", sprach sie – und schreckte zusammen, als plötzlich ein gellender Schrei aus der Küche ertönte.

„Auwei, die Frau Grethel!" Bettina sprang auf. Auch Achim war wie der Blitz auf den Beinen und stürzte ihr hinterdrein in das Haus. Im Gang stolperten sie über den wimmernden Wilhelm, der vor der Küchentür auf den Steinen hockte: „Da da da drinnen!" stammelte er: „Ein furchtbares Unglück!"

„Oh nein, Sie Ärmste!" gellte Bettina, wie sie durch die Tür hereinschnellte und ihre Köchin erblickte, die, am ganzen Leib zitternd, mit dem Rücken zum Tisch stand und sich an der Tischkante festkrallte. Und hinten im Raum – Bettina getraute jetzt ihren eigenen Augen nicht: „Nein, Clemens, neein!!" – da stand ihr Bruder mit der erhobenen Schrotflinte, hielt den Finger am Abzug und hatte den Lauf auf die Köchin gerichtet.

„Mann, nimm die Flinte herunter!" schrie Achim ihn an. Clemens senkte die Waffe; und Frau Margarethe löste sich schwankend vom Tisch. Wankend kam sie auf Bettina zu und warf sich ihr schluchzend an die Schulter: „Hach, Frau von Arnim, Sie sind meine Rettung!"

„Clemens, was wolltest du tun!?" nahm Achim dem Schwager das Gewehr aus der Hand.

„Schießen wollt er!" schnaupste die Köchin.

„Weshalb wollte er auf Sie schießen?"

„Aber nein, nicht auf mich!"

„Etwa auf Wilhelm?"

„N- nein."

„Doch nicht auf sich selber-?"

„Nein, nein, auf den Kuchen wollte er schießen!"

„Auf den Kuchen!?" Bettina entgeistert.

„Ja, aber zum Glück sprang ich im letzten Moment dazwischen."

„Ich verstehe nicht..."

„Na, so schauen Sie doch!" wies die Köchin zum Tisch, auf dem Bettina die beiden dampfenden Laiber erblickte: „Nun, ich muss sagen: die Napfkuchen duften sehr delikat."

„Aber schauen Sie!" zeigte die Köchin gradewegs auf den Teller, der randvoll mit Rosinen dastand: „Unsere Herrn haben vergessen, die süßen Dingerchen in den Teig reinzuziehen. Und wie ich das Drama bemerke, meint doch Ihr Bruder, es sei nicht so schlimm, dann streuen wir sie obendrauf! - Unsinn, da kullern sie wieder herunter, belehre ich ihn. Und auf einmal kommt er mit seiner Flinte daher und will die Rosinen - päng! - in den Kuchen reinschießen."
„Clemens!" wand sich Bettina an ihren Bruder: „Du wolltest doch nicht im Ernst die Rosinen mit deiner Flinte-"
„Ach was!" griente er. „Sie war gar nicht geladen. Es sollte ein Scherz sein."
„Oho, nur ein Scherz?" hob die Köchin auf einmal zu schmunzeln an.
„Bitte verzeihen Sie!" verbeugte sich Clemens vor ihr: „Der Scherz ging zu weit, ich wollte Sie nicht so heftig erschrecken..."
„Ja ha, ist schon gut", lachte Frau Margarethe. Da schritt Clemens gesenkten Hauptes an Achim und Wilhelm vorüber zur Tür, kehrte sich noch einmal um und sprach: „Um euch vor weiteren Scherzen zu bewahren, werde ich besser mein Zimmer aufsuchen."
„Clemens, ich bitte dich, bleib!" rief Bettina ihm nach durch den Gang. Dann hielt sie inne und senkte betroffen den Blick. Sie hatte den Unterton in der Stimme ihres Bruders vernommen und ahnte, er würde sein Zimmer heute und in den kommenden Festtagen nicht mehr verlassen. Denn dieser scheinbar so flüchtige Schatten im Ton war das erste Anzeichen von einer schweren Melancholia.

Saga Grünwald
Aber Falls

Aus der Stille
des Dunstes
fällt das Rauschen
Aus dem Raum
zwischen den Welten
strömt das Leben
unaufhaltsam
ins Jetzt

Die Autoren

Karla J. Butterfield

Karla J. Butterfield spielte bereits als Kind Theater und wirkte in vielen Filmen mit. Nach dem Schauspielstudium und Studium an der Scuola Teatro Dimitri im Tessin arbeitete sie als Schauspielerin und Regisseurin u. a. in London, Bern und Düsseldorf. Seit 1998 lebt sie mit ihrem Mann und zwei Kindern als freie Schriftstellerin in Solingen. Sie hatte bereits mehrere Bücher veröffentlicht.

Andreas Erdmann

Geboren in Solingen, freier Schriftsteller, Mitarbeiter beim Solinger Tageblatt. Studium der Germanistik, Sprach- und Literaturwissenschaften in Düsseldorf, Diplom- Sozialpädagoge. Mitglied der Mundartautoren im Bergischen Geschichtsverein und der Solinger Autorenrunde, Rundfunkarbeit, zwei Bände mit Erzählungen, Kurzgeschichten und Gedichten, Mitautor zweier Mundartwörterbücher, etwa 550 Veröffentlichungen von Erzählungen, Kurzgeschichten und Gedichten in Anthologien, Literaturzeitschriften und auf CDs. Preise u. a.: 1998 Heinz- Risse- Literaturpreis, 2003 Literaturpreis der Bayreuther Festspielnachrichten, 2005 Literaturpreis des Bergischen Geschichtsvereins, 2008 Literaturpreis von amnesty international und der Armin T.- Wegener Stiftung, 2009 zwei Preise im Projekt ‚Hoffung im Untergang', Düsseldorf, 2010 Autorenpreis des Wupperverbands, mehrere Auszeichnungen beim Literaturpodium Berlin.

Kay Ganahl

Jahrgang 1963 mit dem Lebensmittelpunkt Solingen/NRW ist von Beruf Diplom-Sozialwissenschaftler und auch tätig als Schriftsteller, Internetliterat und Selbstverleger. Gründungsmitglied der Solinger Autorenrunde. Ganahl ist Vorstandsmitglied im Landesverband NRW des Freien Deutschen Autorenverbandes, dort in der Funktion als Kommunikationsbeauftragter tätig.
Studium der Sozialwissenschaften in Wuppertal und Duisburg. Ganahl ist bestrebt, mit seinen literarischen und wissenschaftlichen Beiträgen den zeitabhängigen gesellschaftlichen Entwicklungshorizont aufzuhellen. Als Themen faszinieren ihn besonders die Macht über Menschen sowie das Drama des Humanismus im Europa der Gegenwart. Gerade in Lyrik und Kurzprosa, aber auch in Kurzgeschichte, Erzählung, Stück und Roman ist er zu Hause, schreibt und veröffentlicht auch wissenschaftliche Bücher/Ebooks.
Sein schriftstellerisches Wirken ergänzt Ganahl mit eigenen gestalterischen Arbeiten in Buch und Ebook. Fotos und digitale bzw. digitalisierte Werke (Zeichnungen und Malereien) haben Eingang in seine Bücher und Ebooks gefunden.
Web: www.kay-ganahl-selbstverlag.de

Saga Grünwald

Saga Grünwald wurde im April 1969 in Mannheim geboren. Seit 2007 lebt sie als Autorin und Journalistin in Solingen. Sie ist Mitglied der Deutschen Haiku-Gesellschaft, der Literarischen Gesellschaft Sauerland und der Fördergesellschaft „Zentrum für verfolgte Künste Solingen" sowie etlichen sozial tätigen und Naturschutz-Vereinen. Außerdem ist sie Mitglied der Tarosophy Association, des Orders of Bards Ovates and Druids und des Ordens der Alten Pfade.
Von 2004 bis 2007 – „Literarisches Schreiben" und „Belletristik" im Fernstudium.
Seit 2014 - Ausbildung zum Druiden
Leiterin verschiedener Schreib-Workshops und -Seminare.
Etliche ihrer Texte wurden mit Literaturpreisen ausgezeichnet.
2011 wurde sie als „Solingerin des Jahres" für ihr soziales Engagement mit der „Silbernen Hexe" geehrt, 2014 wurde ihr der dm-Preis für Engagement „HelferHerzen" verliehen.
Website: www.gruenwald-greenwood.de

Martina Hörle

Martina Hörle, geboren 1959 in Solingen, geprüfte Betriebswirtin, ist freiberuflich als Journalistin und Dozentin tätig.
Außerdem schreibt sie Kurzgeschichten, Märchen und lyrische Texte und organisiert unter „Literaturcafé Martina Hörle" literarische Veranstaltungen.
2014 hat sie die Fortbildung als Märchenerzählerin abgeschlossen und im gleichen Jahr die Solinger Autorenrunde gegründet.
Weitere Informationen finden Sie unter: www.martina-hoerle.de

Beate Kunisch

Beate Kunisch wurde 1962 in Düsseldorf geboren. Sie ist Diplom-Ökonomin. Als Jugendliche begann sie mit dem Schreiben. Sie nimmt an Schreibwerkstätten teil, ihre Texte wurden bisher in Anthologien und Zeitungen veröffentlicht. Seit 2004 ist sie Vorlesepatin in der Stadtbibliothek und im Leseclub von der Stiftung Lesen in Solingen. Sie ist Mitglied der Deutschen Haiku Gesellschaft. Sie lebt mit ihrer Familie in Solingen.

Christiane Trunk

Geboren am 23.12.1958
Kindheit und Jugend in Solingen; vermehrt Interesse an Musik, Kunst und Literatur
Nach dem Abitur vier Semester Musikwissenschaft/Kunstgeschichte in Würzburg
Anschließend Buchhändlerlehre in Solingen; nach der IHK-Prüfung in verschiedenen Buchhandlungen tätig, zuletzt im Stern Verlag Janssen& Co in Düsseldorf
1985/1986 Teilnahme an Literaturseminaren bei Walter Kempowski
1999/2000 Ausbildung zur Zertifizierten Weinfachfrau in Koblenz
Seit 2000 tätig als Weinfachverkäuferin und Leiterin von Weinseminaren
Anfang des Jahres 2015 Anschluss an die Solinger Autorenrunde

Bildnachweis:

Karla J. Butterfield
Abbildungen auf den Seiten: 19, 51, 108

Andreas Erdmann
Fotos auf den Seiten: 11, 49, 60, 73, 77, 95, 97, 114, 117, 138, 142, 153, 165, 166, 173

Kay Ganahl
Fotos auf den Seiten: 34, 64, 99, 135

Saga Grünwald
Fotos auf den Seiten: 9, 20, 40, 65, 78, 87, 103, 118, 124, 125, 127, 143, 144, 157, 159, 167, 174

Martina Hörle
Fotos auf den Seiten: 12, 29, 45, 69, 136, 147

Beate Kunisch
Zeichnungen auf den Seiten: 71, 156

Lesen Sie auch die erste Anthologie der
Solinger Autorenrunde:

Alles im Fluss...

ISBN 9783738615715, 100 Seiten, 8,90 Euro

Besuchen Sie die
Solinger Autorenrunde im Internet:
www.solinger-autorenrunde.de

und auf facebook:
Solinger Autorenrunde